Marie Briese

Beyond Brave

Kennst du dich schon mutig?

AF196741

MARIE BRIESE

beyond brave

KENNST DU DICH SCHON MUTIG?

SCM

R.Brockhaus

SCM

Stiftung Christliche Medien

SCM R.Brockhaus ist ein Imprint der SCM Verlagsgruppe, die zur Stiftung
Christliche Medien gehört, einer gemeinnützigen Stiftung,
die sich für die Förderung und Verbreitung christlicher Bücher,
Zeitschriften, Filme und Musik einsetzt.

© 2024 SCM R.Brockhaus in der SCM Verlagsgruppe GmbH
Max-Eyth-Str. 41 · 71088 Holzgerlingen
Internet: www.scm-brockhaus.de · E-Mail: info@scm-brockhaus.de

Soweit nicht anders angegeben, sind die Bibelverse folgender
Ausgabe entnommen:
Hoffnung für alle ® Copyright © 1983, 1996, 2002, 2015 by Biblica, Inc.®.
Verwendet mit freundlicher Genehmigung des Herausgebers Fontis –
Brunnen Basel
Weiter wurden verwendet:
Gute Nachricht Bibel, revidierte Fassung, durchgesehene Ausgabe,
© 2000 Deutsche Bibelgesellschaft, Stuttgart. (GNB)
Lutherbibel, revidiert 2017, © 2016 Deutsche Bibelgesellschaft, Stuttgart (LUT)

Lektorat: Mirja Wagner, www.lektorat-punktlandung.de
Umschlaggestaltung: Astrid Shemilt, Büro für Illustration & Gestaltung,
www.astridshemilt.com
Autorenfoto: © Deborah Ulrich – fotosmitdebbie
Titelbild: Foto Mädchen: Vultar Bahr auf Unsplash
Satz: typoscript GmbH, Walddorfhäslach
Druck und Bindung: GGP Media GmbH
Gedruckt in Deutschland
ISBN 978-3-417-01023-7
Bestell-Nr. 227.001.023

INHALT

EHRLICHE WORTE

Ich beginne das Schreiben dieses Buches mit Selbstzweifeln. In meinem Kopf kreisen Gedanken wie: »Was habe ich denn schon Wichtiges zu sagen?« Und: »Bin ich wirklich die, die ich sein will?« Passender- und auch ironischerweise soll es gleich im ersten Kapitel dieses Buches darum gehen, zu lernen, genau solche Fragen »selbst-bewusst« zu beantworten. Das werden wir nun also gemeinsam üben.

Dieses Buch enthält Learnings aus meinen Jahren des Erwachsen- und Mutigwerdens. Erwarte keine Schritt-für-Schritt-Anleitung, mit der du in hundert Tagen zu einem neuen Menschen wirst. Nimm dieses Buch eher als Wegbegleitung auf einer Reise, während du dich, deinen Glauben und Gott besser kennenlernst und dich weiterentwickeln darfst und wirst.

Vielleicht hältst du dieses Buch in deinen Händen, weil du glaubst, dass es nicht in deiner Natur liegt, mutig zu sein. Weil du gern mutiger wärst. Oder weil du deinen Mut verloren hast. Wenn eins davon der Fall sein sollte, dann lass mich dir sagen: Schon jetzt bist du viel mutiger, als du denkst! Aber das entdecken wir in den nächsten Kapiteln gemeinsam.

Ich würde behaupten, dass ich mich als Reiseführerin auf diesem Weg sehr gut eigne. Angst und der Wunsch nach mehr Mut begleiten mich schon, seit ich denken kann – und glaube mir, denken, das tue ich viel! Ich kenne die Fragen, die unsere Generation nachts wach und vom Vertrauen in einen guten Gott fern halten. Ich kenne das Gefühl, wenn Anhängerinnen und Anhänger bestimmter Glaubenstraditionen persönliche, aber auch globale Krisen scheinbar nicht ernst nehmen. Also habe ich mich auf die Suche gemacht: nach Gott, der mehr ist als nur ein teilnahmsloser, alter, weißer Mann, und danach, wie ich mutig ich selbst sein kann, wie ich glauben, zweifeln, Fragen stellen und Antwortversuche finden kann.

Dabei herausgekommen ist dieses Buch. Ich habe es für alle geschrieben, die ehrliche und tiefgründige Gespräche lieben, sich mit ihren Fragen und Perspektiven aber viel zu oft übersehen fühlen. Hier darfst du sein – mit all dem, was dir Angst macht. Hier darfst du sein und dich (als) mutig kennenlernen. Schön, dass du da bist! Lass mich dir kurz etwas von mir erzählen, damit wir uns besser kennenlernen. Vielleicht findest du dich ja darin wieder:

Ich wundere mich sehr über meine Haltung zu mir selbst, die in den vergangenen Monaten mein Leben geprägt hat. Obwohl ich auf einige kleinere und größere Erfolge zurückblicken kann, stellte ich vieles an mir und darunter vor allem meinen Wert infrage. Nicht mehr Entschlossenheit und Selbstbewusstsein leiteten mich, sondern die primären Gefühle waren Unsicherheit und Angst. Wie es dazu kam, weiß ich nicht ganz genau. Aus irgendeinem Grund hatte ich nämlich angenommen, dass man als Mensch ab einem gewissen Punkt im Leben bestimmte Dinge für sich geklärt hat. Dass man weiß, dass man wertvoll und geliebt ist – egal, ob sich das gerade so anfühlt oder eben nicht. Dass einem die meiste Zeit über klar ist, welche guten Dinge man mit seinen Taten und Worten bewirken will. Dass man die Sache mit Gott, die man vielleicht vor Jahren einmal festgemacht hatte, einfach bewahren kann. Dass man immer genug Energie hat für alles, was einem wirklich wichtig ist. Dass man sich nicht so leicht aus der Ruhe bringen lässt, wenn die Welt um einen herum sich etwas anders und ein wenig angsteinflößender entwickelt, als man es sich vorgestellt hatte. Aber das Leben zeigt: In Wahrheit läuft es anders ab.

Diese fälschliche Ein-für-alle-Mal-Hoffnung kommt nicht von ungefähr, wie ich bei der Recherche für dieses Buch festgestellt habe: Bücher, die sich explizit mit dem Thema »Mut« befassen, richten sich schätzungsweise in neun von zehn Fällen an Kinder. Ganz so, als ob wir Menschen, einmal mit genug Mut ausgestattet, ein ganzes Leben durch diese Welt wandern könnten, ohne unsere Mut-Akkus jemals noch einmal aufladen zu müssen. Wenn wir ehrlich sind, wissen wir aber, dass das ganz und gar nicht der Fall ist. Hast du schon mal folgenden Satz gehört? »Mutig sein ist wie Fahrradfahren. Das verlernt man nicht.« Nein? Ich auch nicht. Ich glaube, es liegt daran, dass Mutigsein bei Weitem nicht so leicht ist wie Fahrradfahren. Letzteres lässt sich mit einfachen Worten erklären und schnell vormachen. Zuerst setzt du den Helm auf deinen Kopf, dann steigst du auf das Fahrrad. Du musst das Gleichgewicht halten und in die Pedale treten. Lenken, Schalten, Bremsen – der Rest erklärt sich fast von selbst. Mutigsein hingegen sieht jedes Mal anders aus. Lass uns da einmal beginnen.

Eine wichtige Sache gibt es noch: Ich bin Theologin, keine Psychologin. In diesem Buch wird es nicht nur um Mut, sondern auch um Angst gehen. Wenn ich über sie schreibe, dann, weil ich Angst aus eigener Erfahrung kenne und sehr genau weiß, wie sie sich anfühlt. Ich schreibe dieses Buch aber auch mit dem Wissen, das ich in meiner Seelsorge-Ausbildung erlangt habe. Zudem habe ich mich mit Texten über Angst auseinandergesetzt – sowohl in der Bibel als auch in psychologischen Fachbüchern. Doch es bleibt dabei, ich bin keine Psychologin oder Psychotherapeutin. Wenn du beim Lesen merkst, dass du noch mehr und professionellere Hilfe im Umgang mit deinen Ängsten brauchst, dann wende dich bitte an Fachleute. Ich bin (nur) hier, um dir Mut zu machen. Auf geht's. Kennst du dich schon mutig?

Kapitel 1:

ÜBE(R) DEN MUT, DU SELBST ZU SEIN

Ich werde in diesem Buch von meinen Selbstzweifeln und Verletzungen schreiben. Damit möchte ich versuchen, das Ideal aufzubrechen, dass wir alle immer easy durchs Leben gehen. Und ganz ehrlich: Es kostet mich auch Überwindung und jede Menge Mut, den vielen Menschen, die dieses Buch lesen, solche persönlichen Dinge zu erzählen. Ich werde es dennoch tun, weil ich weiß, wer ich bin und dass meine Schwächen niemals dazu in der Lage sein werden, mir meine Stärken zu nehmen. Es gibt immer beides. Meine Hoffnung ist auch, dass du merkst, dass du nicht allein bist mit deinem manchmal fehlenden Mut und der nur noch geringen Kraft, zu dir selbst zu stehen. Ich wünsche mir, dass immer mehr Menschen anfangen, an den Idealen zu rütteln, die wir in unserer Gesellschaft und in unseren Kirchen bewusst oder unbewusst aufrechterhalten, obwohl wir alle schon mehr als einmal gemerkt haben, dass diese nicht dem wahren Leben entsprechen.

Mut sieht immer anders aus

Wie sieht dein Mutigsein aus? Springst du Fallschirm oder stürzt dich an einem Gummiband in die Tiefe? Diese Klischees kommen mir sofort in den Sinn, wenn ich über mutiges Verhalten nachdenke: Nervenkitzel und Adrenalin pur. Das Herz überschlägt sich fast und der Atem wird unkontrollierbar. Aber vielleicht braucht es bei dir nur ein achtbeiniges Tierchen oder eine Klappleiter, um diese Reaktionen hervorzurufen? Dann bist du bei mir in bester Gesellschaft! Um solche Ängste wie die vor Spinnen oder der Höhe und ihre mutige Überwindung soll es hier allerdings erst einmal nicht gehen. Mut kann ganz anders aussehen.

Wie sieht dein Mutigsein aus? Stehst du für andere ein oder opferst du deine Privilegien, dein bequemes Leben, um für mehr Gerechtigkeit zu kämpfen? Das sind die anderen Klischees, an die ich direkt denken muss, wenn es um Mut geht. Das könnte daran liegen, dass ich zu meiner Konfirmation ein Buch geschenkt bekam, in dem die selbstlosen Taten und Einstellungen von Menschen wie Nelson Mandela, Rosa Parks, Mahatma Gandhi und Bertha von Suttner beschrieben wurden. Aber das trifft auch nicht wirklich den Mut, um den es hier gehen soll. Vielleicht bringen uns genau diese beschriebenen Herangehensweisen auch gerade ganz weit weg davon, selbst mutig sein. Mich beeindrucken diese Geschichten sehr – so sehr sogar, dass ich manchmal daran zweifle, ob ich überhaupt jemals mutig sein kann, vor allem, wenn das der Maßstab ist.

Ich möchte einen neuen Maßstab für Mut finden. Weder die Kinderbücher noch die Geschichten über Heldinnen und Helden oder eine psychologische Definition konnten mich zufriedenstellen. Nichts davon passte zu den Situationen, in denen ich mich mutig gefühlt hatte. Diese Situationen waren Momente gewesen, in denen ich zu mir gestanden hatte, ehrlich zu mir selbst gewesen war und mich meine Angst davor, wie andere über mich denken würden, nicht hatte aufhalten können.

Aber im Normalfall sieht es bei mir anders und nicht so mutig aus: Während ich dies schreibe, merke ich, wie verkrampft ich bin. Ich tippe diese Zeilen mit Händen, die an Armen hängen, die zu Schultern und einer Nackenmuskulatur führen, die steinhart sind. Mein ganzer Körper ist verspannt und steht unter Druck. Erst heute habe ich verstanden, warum das so ist und warum all die Physiotherapeutinnen und -therapeuten nichts gegen meine mittlerweile fast knochenharten Muskeln tun konnten. Erst beim Überarbeiten dieses Kapitels merke ich, dass ich selbst schon lange nicht mehr den Mut hatte, wirklich ich selbst zu sein. Ich habe mich in die Erwartungen anderer gepresst wie in ein viel zu enges Gefäß. Natürlich haben sich da alle Muskeln zusammengezogen. Nichts durfte über den Rand hinausragen, alles musste reinpassen in die Vorstellungen, die andere von meinem Leben hatten. Ich lächelte, obwohl ich genug Gründe hatte, auch traurig und verletzt zu sein. Natürlich verkrampfte meine Kiefermuskulatur da. Niemand sollte durch meine negativen Gefühle belastet werden. Aus Angst, andere in eine unangenehme Situation zu bringen, habe ich schon oft nicht den Mut aufbringen können, wirklich ich selbst zu sein. Ich wollte einem Ideal entsprechen, dazugehören.

Und früher? In meiner Kindheit machte mir vieles Angst, was für andere Kinder ganz normal war. Das, was sie für mutig hielten, war für mich mehr als lebensmüde. Seit ich mich erinnern kann, bin ich vorsichtig, gehe auf Nummer sicher, schau lieber erst mal zu. Bin sensibel, denke viel nach, mache mir Sorgen, plane alles durch. Damit kam ich mir oft falsch vor. Alle anderen entsprachen den Erwartungen, ich aber nicht. Doch Moment – vielleicht ist genau das schon das Mutigste, das ich tun kann! Vielleicht gibt es kaum etwas Mutigeres, als mich so anzunehmen, wie ich bin, auch wenn Menschen in meinem Umfeld etwas ganz anderes von mir erwarten.

Also, wie sieht dein Mutigsein aus? Ist es, dass du jeden Morgen aufstehst, obwohl es sich anfühlt, als würde dich die Last der Welt auf deine Matratze drücken? Lebst du weiter, nachdem diese eine Sache passiert ist? Hältst du am Guten fest, auch wenn dir so viel Schlechtes entgegenkommt? Antwortest du mit Nein auf eine Frage oder Handlung, bei der genau das so schwer ist? Schlägst du einen neuen Weg ein und hörst auf dein Herz? Glaubst du – an dich selbst, an Gott und an ein Morgen? Zweifelst du, stellst Fragen und gibst dich nicht so leicht zufrieden? Bist du einfach du selbst? Wenn du eine dieser Fragen mit Ja beantwortet hast, dann bist du jetzt schon mutiger, als du denkst! So viele scheinbar kleine Dinge bedeuten, mutig zu sein. Manchmal braucht sogar die einfachste und selbstverständlichste Sache der Welt Mut: Mut, weiterzuatmen, nicht aufzugeben, bei dir selbst zu bleiben. Aber wo genau ist das, dieses Selbst?

Du gegen die Erwartungen

Wenn ich ans Mutigsein denke, kommt mir auch schnell der Begriff »selbstbewusst« in den Sinn. Falls du mein erstes Buch »Stilles Strahlen«[1] gelesen haben solltest, dann wirst du bereits wissen, dass ich nicht immer so auftreten konnte. Die meiste Zeit meines jungen Lebens habe ich als schüchterner und gleichzeitig introvertierter Mensch zugebracht. Eine schwierige Kombination, wenn du mich fragst. Meine Schüchternheit konnte ich überwinden, indem ich mir meiner selbst bewusst geworden bin und damit auch meine introvertierten Stärken entdeckt habe. Das half mir dabei, entspannt zu bleiben, wenn in bestimmten Situationen eher meine Unzulänglichkeiten im Mittelpunkt standen.

Ich kann mich an viele Situationen erinnern, in denen ich zu viel oder zu wenig von etwas war. So war ich für die meisten Menschen in meiner christlich geprägten und beziehungsorientierten Bubble definitiv zu still. Es gab aber auch Menschen außerhalb der Bubble, die mich zu zielstrebig und beschäftigt fanden. Für andere war ich wiederum zu langweilig und zu sehr Couch-Potato.

Bis heute hat sich daran nicht viel geändert: Für die einen bin ich zu viel dies, für die anderen zu viel das. Es gibt etliche Menschen, die meinen, ich sei zu jung, um schon verheiratet zu sein. Ungefähr genauso viele sind besorgt, weil ich für das erste Kind schon längst zu alt bin. Für die einen bin ich zu konservativ, für die anderen viel zu liberal und progressiv. In den Augen mancher Menschen lebe ich viel zu angepasst und in den Augen anderer irgendwie auch – nur an die falschen Ideale.

Mit dieser Aufzählung könnte ich noch einige Seiten in diesem Buch füllen und vermutlich hättest du aus deiner eigenen Erfahrung noch viele weitere Beispiele zu ergänzen. Würde ich meine Stärken und meinen Wert nicht kennen, das heißt, würde ich nicht selbstbewusst sein, dann könnte ich schnell glauben, dass ich einzig und allein aus Schwächen und unerfüllten Erwartungen bestünde. Ganz egal, was ich auch tue oder wie ich auch bin, es gibt immer Menschen, die das nicht gutheißen – vielleicht sogar als Sünde bezeichnen würden. Es gibt so viele Erwartungen an uns und daran, wie wir leben und glauben sollen, dass wir nie alle erfüllen können. Davon mal abgesehen, widersprechen sich manche dieser Erwartungen sogar noch. Mutigsein heißt, dass wir trotz allem wir selbst sind.

Das ist gar nicht einfach, weil wir von Anfang an dazu erzogen werden, uns anzupassen. Jede Familie hat ihre eigenen Strukturen und Regeln. Fügen wir uns in das System ein, überleben wir – das haben wir schon als Babys verstanden. In der Schule oder an der Uni werden wir danach benotet, wie gut wir uns an das System anpassen und die Leistungen abliefern, die gewünscht sind. In Kirchen und Gemeinden sind wir vor allem dann willkommen, wenn wir die gleichen Glaubensinhalte und die Art, diese auszuleben, teilen. Jede Generation und jeder Freundeskreis hat eigene Werte, Trends und ungeschriebene Gesetze, die weitere Erwartungen an uns stellen. Wie können wir es da schaffen, wir selbst zu sein? Wie können wir bei allen Anforderungen unsere eigenen Wege finden? Wie können wir den Mut aufbringen, wir selbst zu sein und auch Erwartungen anderer zu enttäuschen?

Den ersten Schritt sind wir gerade gemeinsam gegangen: Wir haben uns bewusst gemacht, dass es Erwartungen gibt, die wir nicht erfüllen können und müssen. Dieser Schritt ist wichtig, denn all diese Erwartungen fallen uns manchmal gar nicht mehr auf, weil sie zu all den wichtigen Gruppen in unserem Leben (Familie, Schule, Freundschaften …) dazugehören. Vielleicht nimmst du dir einen Moment Zeit und überlegst ganz konkret:

- Welche Erwartungen, die andere Menschen an dich haben, versuchst du zu erfüllen?
- Welche davon lohnt es sich zu erfüllen?
- Von welchen kannst du dich befreien?

Das Ausbrechen aus den zu engen Erwartungen anderer verbinde ich mit einer Kindheitserinnerung: Wir waren im Familienurlaub an einem See. Meiner genetischen Veranlagung, aber auch meiner Erziehung habe ich es zu verdanken, dass ich mich lieber etwas zu genau an Regeln halte und weiß, was sich gehört. Spontan und komplett mit Straßenkleidung bekleidet in einen See zu springen, gehört da definitiv nicht dazu. Doch genau das taten wir, als wir auf dem Rückweg von einem abendlichen Restaurantbesuch am See vorbeikamen, in dem sich die untergehende Sonne spiegelte. Er sah zu verlockend aus, um nicht mit wild wedelnden Armen und Jubelgeschrei hineinzurennen. Gut erzogen, wie wir waren, fragten meine Schwester und ich um Erlaubnis.

Zu unserer beider Überraschung sagte unsere Mutter grinsend: »Warum nicht? Manchmal muss man eben was Verrücktes machen!« »Äh, jetzt wirklich?«, vergewisserte ich mich noch einmal, als meine Schwester schon fast beim Seeufer angekommen war. »Ja!«, bestätigte meine Mutter, und ich wusste kurz nicht, ob mich das jetzt freuen oder eher verunsichern sollte. Immerhin mussten wir dann ja später mit nassen Klamotten den restlichen Weg zur Ferienwohnung zurücklaufen. Doch bevor ich dieser Sorge gestattete, mir so eine Möglichkeit zu nehmen, rannte auch ich einfach los. Tat etwas, das man sonst nicht tut. Tat etwas Verrücktes und fühlte mich lebendig. Befreit von allen Erwartungen und Regeln wurde dieser Abend zum schönsten des gesamten Urlaubs und zu einer wichtigen Erinnerung: Es tut gut, dem eigenen Bauchgefühl zu folgen und sich nicht von den Sorgen, was andere denken könnten, einschränken zu lassen. Erst recht, wenn es dabei um Erwartungen geht, die wir gar nicht erfüllen müssen. Probiere es selbst einmal aus: Tue was Verrücktes! Du darfst klein anfangen und wirst sehen, dass nichts Schlimmes passiert, wenn du die vermeintlichen Regeln brichst. So kannst du Mut sammeln für andere »Ausbrüche«, die vielleicht etwas gewagter sind.

Der zweite Schritt kann so aussehen, dass du dir überlegst, was dich im Positiven ausmacht. Also: Was an dir ist genau richtig? Wo hast du vielleicht sogar echte Stärken? Denn es gehören immer zwei Seiten zu einer Medaille: Wo wir für manche zu viel oder zu wenig sind, können wir für andere (und hoffentlich uns selbst) genug sein oder sogar echte Stärken haben. Fakt ist: Wo es Schwächen gibt, dort sind auch Stärken. An diese müssen wir uns allerdings oft aktiv erinnern, ganz im Gegensatz zu unseren Schwächen, die andere oder auch wir selbst uns in endlosen inneren Monologen oftmals sowieso schon vorhalten: »Warum bin ich da nicht offener gewesen? Das wäre eine tolle Chance gewesen.« Oder: »Wieso konnte ich mal wieder meinen Mund nicht halten und habe Menschen mit meiner direkten Art verletzt?«

Das Ganze gibt es natürlich auch mit einem frommen Anstrich: Vor lauter Demut verlieren wir dann den Blick für uns selbst und machen uns kleiner, als wir tatsächlich sind. Ich kenne gläubige Menschen, die sich für ihre Ehrenämter in Kirchen und Gemeinden bis zum Burn-out aufopfern, weil sie denken, dass sie sonst nicht genug seien und noch mehr geben müssten. Schließlich habe Jesus am Kreuz doch auch so viel für sie gegeben. Aber genau das ist doch der eigentliche Punkt: Jesus hat alles gegeben, damit wir leben können. Gott wurde selbst zum perfekten Opfer, damit wir uns nicht aufopfern müssen. Geprägt und getrieben von dem Gedanken, dass wir uns verleugnen und Gott in den Mittelpunkt unseres Lebens stellen sollen (vgl. Markus 8,34), verlieren wir uns mehr aus dem Blick, als es gut wäre. Damit meine ich nicht, dass wir die Sache mit Jesus einfach beiseiteschieben und uns von heute an nur noch um uns selbst drehen sollen. Damit meine ich, dass es keine Sünde ist, sich selbst zu lieben, Komplimente anzunehmen, anstatt sie »nach oben weiterzugeben«, sich selbst etwas Gutes zu tun, auch mal Nein zu sagen und, last but not least, nicht immer den christlichen Erwartungen zu entsprechen. Daran muss ich mich selbst immer wieder erinnern. Denn kaum eine christliche Gemeinschaft ist frei von den mehr oder weniger ungeschriebenen Gesetzen, wie richtiges, christliches Verhalten aussieht. Diese Werte werden zu unseren Maßstäben und der Brille, durch die wir uns betrachten.

Aus der Frage »Wer bin ich? Wie hat Gott mich geschaffen?« wird die Frage »Bin ich so, wie die anderen das von mir erwarten?« Ich glaube nicht, dass das gesund ist, und noch viel weniger glaube ich, dass Bibelstellen wie die aus Markus das meinen.

Ich verstehe das Neue Testament und die Berichte über Jesus so, dass es gerade nicht auf die Erwartungen und Wertungen durch andere Menschen ankommt, sondern darauf, dass wir uns mit Gottes liebendem Blick betrachten. Der ist frei von Verurteilung, dafür aber voller Bewusstsein für alles Menschliche, das wir in uns tragen. Gott traf eine Entscheidung bewusst für dich – mit all deinen Stärken und Schwächen. Auf dieser Grundlage kannst du selbstbewusst sein. Du brauchst dich nicht zu verbiegen. Du brauchst dich nicht zu verstecken. Du kannst du selbst sein. Gott kennt dich sowieso schon, den kannst du nicht mehr schocken. Oder wie es @elhotzo am 21. 12. 2022 auf Twitter ausdrückte: »werde nie verstehen warum das Christentum so stressig ist, die ganze Idee ist doch, dass sich schon jemand um alle Sünden gekümmert hat, könnte man sich da nicht irgendwie…entspannen?«[2] Was dir im Weg steht zu einem selbstbewussten Leben, sind die Erwartungen, die du von anderen auf dich überträgst. Und damit bist du nicht allein. Lass mich dir von mir erzählen.

Nach meinem Abitur habe ich zwei Jahre lang an der Biblisch-Theologischen Akademie Wiedenest studiert. In meiner Bewerbung dafür schrieb ich: »Ich bin eine junge Frau, die ihre Stärken und Schwächen kennt.« Das ist für mich Selbstbewusstsein: Du kennst dich so gut, dass dich keine enttäuschte Erwartung der anderen umhauen kann. Du weißt, wer du bist, und kannst deshalb vor anderen stehen. Heute muss ich über diesen Satz in meiner Bewerbung schmunzeln, denn mit gerade einmal siebzehn Jahren hatte ich noch nicht so viele Möglichkeiten gehabt, meine Stärken und Schwächen zu reflektieren.

Dennoch war diese Aussage keine Lüge oder einer dieser typischen Bewerbungs-Bausteine, den ich blind übernommen hatte. Für meinen damaligen Horizont und die Erfahrungen, die ich bis dahin gemacht hatte, stimmte er komplett. Nur ließen sich diese Erfahrungen nicht deckungsgleich auf andere Kontexte übertragen. Das musste ich in den zwei Jahren nach der erfolgreichen Bewerbung feststellen. Es schien mir so, als hätte ich plötzlich nur noch Schwächen und keine Stärken mehr, oder zumindest so, als wären meine Stärken in dem neuen Umfeld gar nicht von Bedeutung. Kaum einer Erwartung konnte ich standhalten, ich war zu wenig oder zu viel. Alle anderen schienen besser in die Ausbildung und die anschließenden möglichen Berufe zu passen als ich.

Gott sei Dank inspirierten mich meine inneren Kämpfe und nagenden Selbstzweifel zu meinem ersten Buch, in dem ich meine Ausbildungszeit auch ausführlicher beschreibe. Plötzlich wusste ich wieder, wer ich bin und dass Gott mich sehr gut gemacht hat. Aus meinen Schwächen, die drohten, die Überhand zu gewinnen, wurde eine Berufung, die mir und meinen Leserinnen Hoffnung schenkte. Ich wurde Autorin und fühlte mich selten so stark und selbstbewusst wie während des Schreibprozesses. (Was natürlich auch daran gelegen haben mag, dass ich mich durch das Schreiben ständig mit mir und meiner Persönlichkeit auseinandersetzen musste.) Als das Buch dann jedoch veröffentlicht war, verlor ich das meiste von dieser Stärke und meinem Selbstbewusstsein wieder. (Vielleicht waren beide mit meinem Buch in die Welt hinausgegangen?) Was folgte, waren die im Vorwort beschriebenen Monate, in denen ich mich nur selten selbstbewusst gefühlt habe. Selbstbewusstsein ist also keine gerade Linie, die nur nach oben führt. Selbstbewusstsein und die Freiheit vom Druck, fremde Erwartungen erfüllen zu müssen, gleichen – zumindest in meinem Leben – eher einer Achterbahnfahrt. Die gute Nachricht ist aber: Selbstbewusstsein kann man üben.

Selbstbewusstsein und Selbstwert

Wie du vielleicht beim Lesen der letzten Seiten schon bemerkt hast, ist das Wort »selbstbewusst« mit zwei Bedeutungen verknüpft. Zum einen beschreibt es Menschen, die sicher und mutig auftreten. Zum anderen, und dies ist die philosophische und psychologische Definition, ist es das Ergebnis von Selbstreflexion. Zwischen diesen beiden Bedeutungen besteht ein Zusammenhang. Wenn du weißt, wer du bist, kannst du sicherer mit anderen Menschen umgehen. Und damit wären wir beim dritten Schritt. Ganz eng verknüpft mit dem Selbstbewusstsein sind auch Selbstvertrauen und Selbstsicherheit. Egal, wie du es nennen magst, es lohnt sich, daran zu arbeiten! Deine Motivation sollte dabei aber nicht nur sein, dass du vor anderen besser dastehst, sondern vielmehr, dass du damit optimistischer, zuversichtlicher wirst und weniger Angst hast. So wirst du der Zukunft mutiger entgegenblicken können, weil du weißt, wer du bist.

Unsere oberflächliche Definition von dem Begriff »selbstbewusst« als »auf andere mutig wirkend« reicht nicht einmal ansatzweise an das Potenzial heran, das in echtem Selbstbewusstsein steckt! Setze deinen Fokus deshalb nicht darauf, wie du von nun an auf andere wirken möchtest, sondern zuerst darauf, dass du dich selbst mit deinen Stärken und Schwächen kennst. Am Ende dieses Kapitels findest du eine Übung, die dir genau dabei helfen wird. Du wirst dich in verschiedenen Phasen deines Lebens reflektieren oder sogar ganz neu kennenlernen. Ganz ohne andere Menschen kommen wir aber doch nicht aus. Ganz im Gegenteil! Wir sind auf ein Gegenüber angewiesen, um wir selbst zu werden. Dies darf und muss allerdings auch in Abgrenzung zu anderen und ihren Erwartungen an uns geschehen dürfen und sollte niemals den Selbstwert infrage stellen.

Moment, noch ein Wort mit »selbst«? Kurz erklärt ist der Selbstwert das Bild, das du von dir selbst hast. Wie gut oder schlecht das ausfällt, hängt mit deinen Genen zusammen, wird aber auch durch deine Erfahrungen geprägt. In der Psychologie lässt sich unter dem Stichwort »Selbstwertregulation« untersuchen, was Menschen tun, um ihren Selbstwert zu schützen. Spannender für uns ist aber die Selbstwertkontingenz. Diese ermittelt man, indem man sich die Frage stellt, wie angreifbar der Selbstwert durch das Nichterreichen von gewissen Maßstäben ist.[3]

In unserer christlichen Bubble gibt es viele solcher Maßstäbe, die von außen an uns angelegt werden. Da haben wir sie wieder, die Erwartungen, die uns teilweise ganz schön viel Mut abverlangen, wenn wir sie nicht erfüllen und stattdessen lieber wir selbst sein wollen. Wie oft habe ich mich gerade in christlichen Kreisen schon zu viel oder zu wenig von etwas gefühlt, das für andere gläubige Menschen gar nicht geht oder eben total wichtig ist. Ich war schon zu still beim Smalltalk nach dem Gottesdienst. Dann war ich zu laut mit meinen kritischen Fragen. Ich war selten gläubig genug – oder zumindest auf eine bestimmte Art gläubig genug.

Welche Maßstäbe und Labels willst du hinter dir lassen, um deinen Selbstwert nicht länger zu gefährden und endlich selbstbewusst mutig zu sein? Hier ist ein kleiner Überblick über Faktoren, die deinen Selbstwert gefährden können und welche Handlungen du ihnen entgegensetzen kannst. Denn das müssen wir festhalten: Auch wenn Selbstbewusstsein und Selbstwert aus dem Nachdenken über dich selbst erwachsen, werden sie erst so richtig gestärkt, wenn du deinen Gedanken auch Taten folgen lässt![4]

Das gefährdet deinen Selbstwert	Das stärkt deinen Selbstwert
Leistungsdenken: »Ich muss noch mehr schaffen!«	Selbstliebe und Wohlwollen: Mache Pausen und tue dir etwas Gutes.
Perfektionismus: »Ich muss alles perfekt machen. Nichts darf schiefgehen.«	Nimm dein Leben mit all seinen Hindernissen an und befreie dich von Idealvorstellungen.
Angst vor Abwertung durch andere: »Was werden die anderen bloß von mir denken?«	Handle selbstbestimmt, wenn du glaubst, du tust etwas, nur weil du deinem Gegenüber gefallen willst. Frage dich dazu: »Was will ICH wirklich?« Umgib dich mit Menschen, die dich lieben.
Empfinden von körperlicher oder mentaler Überlastung: »Ich kann nicht mehr. Wie soll ich das schaffen?«	Checke, woher deine Belastung kommt, und wäge ab, ob die Ursache es wert ist. Du darfst Schwäche als menschlich akzeptieren.
Angst vorm Scheitern: »Was ist, wenn ich das nicht schaffe?«	Relativieren: Mache dir bewusst, dass Scheitern normal ist, das Leben aber in jedem Fall weitergeht. Fokussiere dich auf deine Stärken. Was, wenn es gut ausgeht?
Deine Meinung oder deine Bedürfnisse werden übergangen	Nimm dich selbst ernst. Hörst du auf dein Bauchgefühl? Wenn nein, dann fange heute damit an!
Neid und Vergleiche mit anderen	Realitätscheck: Welche Kosten hat der Erfolg der anderen? Wärst du dazu auch bereit?

Einzigartig, aber nicht allein

Weißt du, was ich noch schlimmer finde als den Druck, die Erwartungen von anderen erfüllen zu wollen? Ich verrate es dir: das Gefühl, dass du die einzige Person bist, die das nicht schafft, und den Glauben, dass alle anderen so, wie sie sind, perfekt reinpassen. Wir sind so einsam in dem Gedanken, wir wären die Einzigen, die Schwierigkeiten hätten, den Erwartungen und dem Druck standzuhalten. Aus Verlegenheit und um den perfekten Schein zu wahren, tun wir einfach so, als wäre alles normal und als würden wir nicht die Kämpfe kämpfen, die so ziemlich alle anderen um uns herum auch kämpfen.

Damit verschlimmern wir das ganze Problem aber nur noch: Anstatt ehrlich zueinander zu sein und gemeinsam Wege zu finden, wie wir weniger Erwartungen und Druck aufbauen, kämpfen wir einsam gegen uns selbst und gegen die anderen. Wir erzählen uns dieselbe Geschichte – jede und jeder Einzelne für sich allein: »Ich bin schlecht und alle anderen kriegen es perfekt hin.« »Ich muss besser werden.« »Ich muss so gut werden wie die anderen, denn erst dann bin ich wertvoll. Erst dann kann ich mithalten.« »Ich muss das allein schaffen. Die anderen dürfen nichts von meiner Schwäche mitkriegen.« »Ich würde mich niemals vor den anderen trauen, zu mir selbst zu stehen, denn dann wäre ich ja mit meinem innersten Kern verletzlich und angreifbar. Dann wäre es nicht nur eine Hülle, die sie nicht mögen, sondern dann wäre es wirklich ich.« »Ich habe so viel Angst, ich selbst zu sein, dass ich lieber jemand anderes bin. Zumindest so lang, bis mein Selbst gut genug für die anderen ist.«

Woran liegt das, dass wir nicht ehrlich zueinander sind? Warum erzählen wir uns eher die unrealistischen Geschichten vom Leben? Liegt es an dem Ideal vom guten Leben, mit dem viele von uns aufgewachsen sind? In unseren Köpfen ist das gute Leben doch eine behütete Kindheit mit Eltern, die immer genug Liebe und Aufmerksamkeit für einen haben. Im Leben passieren hauptsächlich gute Dinge, widrige Umstände existieren nicht. Den Berufswunsch, den man in der Grundschule in Freundebücher geschrieben hat, erreicht man problemlos mit guten Noten. Durch alle Lebensphasen hindurch wird man von guten Freundinnen und Freunden begleitet, findet schnell die Liebe des Lebens, heiratet, bekommt Kinder, lebt in einem schönen Zuhause. Sonntags geht man in den Gottesdienst und erzählt sich gegenseitig vom eigenen guten, perfekten Leben. Egal, ob es der Wahrheit entspricht oder nicht.

In der Sonntagsschule habe ich viele einzelne Geschichten aus der Bibel gehört und den großen Zusammenhang einfach nicht verstanden. Was ich aber schon damals gemerkt habe, war, dass es anscheinend nur eine Möglichkeit gibt, die Welt zu betrachten. Allerdings stoßen wir mit dieser Einstellung schnell an unsere Grenzen, wenn das wahre Leben anklopft. Es ist so viel komplizierter, vielfältiger und schöner, als dass es in nur einer Sichtweise zu erfassen wäre. You don't need to have it all figured out! – Du musst nicht alles begreifen.

Du musst nicht den perfekten Plan für dein Leben haben oder ihn um jeden Preis durchziehen. Dein Leben darf anders aussehen, als deine Eltern es sich wünschen. Dein Leben muss nicht mit dem von Influencerinnen und Influencern mithalten. Du darfst Erwartungen enttäuschen, musst nicht mit jedem Trend mitgehen. Du darfst vermeintliche Regeln brechen (das gab mir meine Ausbilderin am Ende meiner Seelsorgeausbildung in einer Einzelanalyse mit). Du musst nicht perfekt sein. Wichtig ist, dass du den Mut findest, du selbst zu sein!

Es kommt auf die Geschichten an, die wir uns erzählen und die uns erzählt werden. Denn leider müssen viele von uns die Erfahrung machen, in so eine, die die einzig richtige zu sein scheint, nicht reinzupassen. Neben vielen anderen Geschichten darüber, wie wir als Christinnen und Christen leben und was wir glauben sollen, fällt mir meine Kinderbibel ein. Die Geschichten darin wurden mit Worten und Bildern erzählt und darin zu sehen waren Personen, deren Hautfarbe wesentlich heller war, als sie es für Menschen aus dem alten Orient sein dürfte. Dass biblische Figuren – Jesus eingeschlossen – mit weißer Haut und insgesamt europäischem Aussehen dargestellt werden, kennen wir nicht nur aus Kinderbibeln, sondern auch aus Gemälden. Seit Jahrhunderten erzählen wir, dass Jesus einer von uns war und auch dementsprechend aussah. Dass dadurch aber viele Menschen ausgeschlossen und unsere Perspektiven auf die Bibel und unseren Glauben verzerrt werden, wird selten erzählt.

Sarah Vecera spricht dennoch darüber. Sie berichtet in ihrem Buch davon, dass sie sich als Person of Color in der Erzählung von der kanaanäischen Mutter, die von Jesus zurückgewiesen wird, als sie ihn um Heilung für ihre Tochter bittet (Matthäus 15,21-28), immer mit dieser für Jesus fremden Frau identifiziert. Währenddessen fühlen sich weiße Leserinnen und Leser derselben Bibelstelle wahrscheinlich den Jüngern Jesu näher, weil sie dazugehören. Paradoxerweise, denn als Europäerinnen und Europäer wären wir im Alten Orient für Jesus und seine Zeitgenossen noch viel fremder als die Frau aus Kanaan.[5]

Mit den Geschichten, die wir uns erzählen, prägen wir den Blick auf die Bibel und ihre Erzählungen. Mit den Geschichten, die wir uns erzählen, entscheiden wir auch unbewusst darüber, wer dazugehört und wer nicht. Das Beispiel von Sarah Veceras Blick auf die Erzählung von Jesus und der kanaanäischen Frau zeigt gut, dass wir mit unseren Versionen der Bibel, mit unseren Geschichten auch ganz schön danebenliegen können. Wie gut, dass wir Geschichten auch umschreiben und veraltete Erwartungen enttäuschen dürfen!

Es gibt mehr als die eine ideale Geschichte, mal davon abgesehen, dass deren Protagonistinnen und Protagonisten erst noch gefunden werden müssen. Du darfst deine eigene Geschichte schreiben. Du darfst dich frei machen von Erwartungen, die dein Umfeld an dich richtet. Es gibt nicht den einen Weg. Es gibt nicht nur eine Geschichte. Indem du aber deinen Weg gehst, tust du das Mutigste, das du tun kannst. So wirst du Geschichte schreiben. Diese darf abweichen von denen, die du schon gehört und gelesen hast. Sie darf deine eigene sein und deine Perspektiven enthalten, denn nur so kannst du dein Leben sehen und gestalten.

Es kommt also darauf an, welche Geschichten wir uns anhören und selbst erzählen. Auf die Erzählungen in der Bibel gibt es sicher so viele Perspektiven, wie es Menschen gibt, die sie lesen. Aber in Bezug auf die Geschichte mit dem Titel »Ich bin nicht gut genug« kann ich ganz klar sagen: Sie ist gelogen. Ich bin der Meinung, wir sollten damit anfangen, uns mehr darüber auszutauschen, was die Erwartungen, die an die Ideal-Geschichten geknüpft sind, mit uns machen. Man nennt diese auch Narrative. Das sind über Jahre, wenn nicht eher Jahrzehnte und Jahrhunderte gewachsene Vorstellungen, die dadurch weiterleben, dass wir sie immer weitererzählen.

Die gute Nachricht ist, dass wir sie auch ändern können. Maike Schöfer setzt sich online wie offline dafür ein, dass queere Personen in Kirche und Gemeinde weniger diskriminiert werden.[6] Damit rüttelt sie am Ideal, das in unserer Gesellschaft noch sehr fest zu sein scheint. Sie enttäuscht die Erwartungen, die viele gläubige Menschen an sie haben. Das erfordert Mut und Selbstbewusstsein.

Wenn ich einen Blick in die vielfältigen Erzählungen der Bibel werfe, dann fallen mir gleich zwei Personen auf, die uns da gute Beispiele sein können: Ester im Alten Testament und Jesus Christus im Neuen Testament.

Wenn jemand gut darin war, alle Erwartungen, die man über Jahrtausende an ihn gerichtet hatte, zu smashen, dann war das wohl Jesus. Er wurde als König erwartet und kam als Kind. Er brachte die Glaubensexperten seiner Zeit in Verlegenheit und sogar zur Weißglut. Er war zu viel für seine Familie und zu wenig für die, die ihn ans Kreuz brachten. Er verbrachte am liebsten Zeit mit denen, die so gar nicht reinpassten und keinerlei Erwartungen erfüllten. Von genau solchen Menschen stammt er sogar ab: Im Matthäusevangelium, dem ersten Buch im Neuen Testament, steht sein Stammbaum. Das Erste, was wir über Jesus erfahren, ist also, dass er von vier Frauen abstammt, die alle genau das Gegenteil dessen sind, was man erwartet, wenn der Sohn Gottes vorgestellt werden soll. Ihre Geschichten sind im Alten Testament festgehalten. Im entsprechenden Artikel im Bibellexikon heißt es:

> Alle vier hier genannten Frauen (Tamar, Rahab, Rut und Batseba) handeln nach den alttestamentlichen Erzählungen höchst eigenständig und unkonventionell und können so – zum Teil mit Hilfe einer kreativen Auslegung der Tora – für sich und ihre Familien eine Zukunft schaffen.[7]

Keine von ihnen gehörte zum Volk Israel (zack, schon ist die erste Erwartung nicht erfüllt), manche waren oder handelten wie Prostituierte (oh, oh, Unzucht), keine von ihnen brauchte einen Mann, um sich Recht zu verschaffen (eigentlich unmöglich in ihrer Umwelt) und alle wurden den sonst so gelobten Ahnmüttern, den Heldinnen des Volkes Israels, vorgezogen (was viele Theologen zweitausend Jahre lang kaum glauben konnten). Jesus gesamte Existenz baut darauf auf, mutig Erwartungen nicht zu erfüllen und für seine Sache, die Liebe Gottes weiterzugeben, einzustehen.

Esters Geschichte kennst du vielleicht auch schon, aber so, wie ich sie dir jetzt erzähle, hast du sie sicher noch nie gehört – wirf deine Erwartungen über Bord!

Wasti und Ester gegen die Erwartungen

Bevor wir in die Erzählung von Ester eintauchen, muss ich selbst noch etwas loswerden: meine eigenen nicht ganz richtigen Erwartungen an dieses Buch der Bibel. Als ich an der Gliederung für dieses Buch arbeitete, wurde mir schnell klar, dass ich auch unbedingt von Ester erzählen will. Ihre Geschichte ist so einzigartig und könnte nicht besser zum Thema »Mut« passen. Jedoch dachte ich das zunächst aus komplett anderen Gründen als aus denen, die du hier gleich lesen wirst. So, wie ich Ester bisher kennengelernt hatte, war sie eine sehr gehorsame Frau, die tat, wozu Gott sie berufen hatte. Dabei musste sie sich oft selbst in Gefahr bringen, aber das war kein Problem, denn Gott war ja da. Und am Ende geht ja doch immer alles gut aus, wenn der Glaube nur groß genug ist.

Vielleicht ist das auch das Bild, das du von Ester hast, was durchaus verständlich wäre, denn so oder so ähnlich wird ihre Geschichte immer wieder dargestellt. Wenn du mich fragst, ist diese Auslegung sehr an unser Idealbild von gläubigen Menschen angepasst. Dabei wird einfach ignoriert, dass im gesamten Buch Ester Gott nicht einmal auftaucht. Oder dass das Buch ursprünglich dazu verfasst wurde, die Hintergründe des jüdischen Purim-Festes zu erklären, anstatt uns sonntäglich ein schlechtes Gewissen zu machen, dass wir nicht mutig genug für unseren Glauben einstehen. Es wird auch herabgespielt, dass es darin um die Geschichte einer Frau geht, die immer wieder von den männlichen Charakteren der Erzählung in schwierige Situationen gebracht wird. Wir klammern uns nur daran fest, dass sie unter all diesen fürchterlichen Umständen mutig und gottestreu handelte. Es gibt aber so viel mehr zu entdecken, wenn wir genauer hinschauen. Aus meiner Sicht kann Ester so treu und mutig handeln, weil sie sich ihrer Selbst und ihrer Berufung bewusst zu sein scheint. Schon jetzt hat sie meine und hoffentlich auch deine Erwartungen an ihre Geschichte gesprengt. Aber fangen wir vorn an!

Die Erzählung beginnt nicht mit Ester, sondern einer anderen mutigen Frau, die sich ebenfalls für fremde Erwartungen nicht verbog. Die Rede ist von Königin Wasti. Sie weigerte sich, zu ihrem Mann Xerxes, dem König von Persien, und dessen Beamten zu gehen, als diese sie rufen ließen. Wenn du mich fragst, war das eine sehr kluge Entscheidung, denn die Herren hatten zu dem Zeitpunkt schon ganze sieben Tage lang gefeiert. Jeder durfte so viel Alkohol trinken, wie er wollte, und der König Xerxes stellte seine Macht zur Schau. Er wollte auch mit Wastis Schönheit angeben – oder genauer gesagt: Wasti sollte sich von den Männern begaffen lassen. In ihrem Rausch und auch der Kultur war für die Herren kein Problem, was heute zu Recht als Sexismus kritisiert wird. Wasti schien das irgendwie schon begriffen zu haben und beschloss, sich dieser Form von Gewalt nicht auszusetzen. Wie es dann weiterging, ist leicht zu erraten. Xerxes entließ sie als Königin und Frau. Die herrschenden Männer fürchteten, dass alle Frauen im persischen Reich ebenso selbstbestimmt, selbstbewusst und ihren Selbstwert kennend handeln würden, wenn sich der Vorfall herumspräche. So hätte König Xerxes genau das Gegenteil von dem erreicht, was er eigentlich wollte. Er hatte Wasti gerufen, um allen Anwesenden (und durch deren Weitererzählen dem gesamten persischen Reich) seine Macht zu demonstrieren. Da nun aber seine Frau allen deutlich gezeigt hatte, dass er keine Kontrolle über sie hatte, bedeutete das nach damaliger Auffassung auch, dass Xerxes keine Macht über sein Reich hatte. Die ganze Gesellschaftsordnung stand auf dem

Spiel, weil sich eine Frau nicht nach den Erwartungen anderer verhielt, sondern auf sich selbst achtgab!

Wenn du mich fragst, war das schon ziemlich mutig und kann uns auch heute noch ein Vorbild sein. Vor allem aber wird uns durch diese kurze Vorgeschichte gezeigt, wie wir die weitere Erzählung zu deuten haben und worauf wir besonders achten sollten: auf eine mutige, selbstbewusste und -bestimmte Frau, die sich dem totalitären und sexistischen System widersetzte.

Und so beginnt die Erzählung von Ester. Ich würde sagen, dass sich auch hier von Männern ausgeübte Macht in ungesunder Art und Weise weiter durch die Geschichte zieht.

Aus dem ganzen Land sollten unverheiratete Frauen, die noch keinen Geschlechtsverkehr gehabt hatten, nicht in einer Art Schönheitswettbewerb gegeneinander antreten, sondern sie wurden in den Harem des Königs aufgenommen. Jede von den jungen Frauen verbrachte eine Nacht mit dem König, welcher sich dann diejenige aussuchte, die ihm am besten gefiel. Alle anderen Frauen – jetzt keine Jungfrauen mehr – konnten nicht in ihr altes Leben zurückkehren, geschweige denn einen anderen Mann finden. Die unzähligen Kandidatinnen verschwanden sozusagen für immer im Harem des Königs, wo sie ihm auf dessen Wunsch zur Verfügung stehen mussten. Das wäre selbst für GNTM zu frauenfeindlich. In der Bibel aber können wir diese Geschichte lesen, und so wird uns ein Blick hinter die Kulissen gewährt.

Eine der Kandidatinnen war Ester. Ihre Familie war jüdischer Herkunft. Man hatte sie aus ihrem Land nach Babylon ins Exil verschleppt. Dort lebte sie seit einigen Generationen und mittlerweile herrschten nicht mehr die Babylonier, sondern die Perser. Dem Volk Israel ging es so weit weg von ihrem gelobten Land nicht gut: Sie konnten ihren Glauben nicht so ausleben, wie Jahwe es Mose aufgetragen hatte. Es gab keinen Tempel, der als der wichtigste

Begegnungsort mit Gott galt, und was noch viel schlimmer war: Die fremden Herrscher sahen es nicht gern, wenn jemand anderes als sie verehrt wurde. Das Volk Israel musste seinen Glauben, seine Werte, seine Identität verstecken.

Das bekam Ester schon früh von ihrem Cousin Mordechai beigebracht. Er zog sie groß, denn Esters Eltern waren schon verstorben. Um sich nicht in Gefahr zu bringen, war es wichtig, die jüdische Herkunft zu verleugnen. Das tat Ester auch, als sie am Hof des Königs einzog. Hier waren einige Männer für all die Kandidatinnen zuständig, um sie besonders zu pflegen, damit sie dem König vorgeführt werden konnten. Ester wurde vom Chef des Harems als außerordentlich schön angesehen und bekam deshalb besseres Essen und auch einen besseren Schlafplatz als die anderen Frauen. In der Bibel wird nun kurz geschildert, dass Ester den Schönheitswettbewerb gewann, da König Xerxes sie am liebsten mochte. Ester wurde also die neue Königin von Persien.

Gemeinsam mit ihrem Cousin machte sie sich bald verdient, indem sie ihrem Ehemann von den Plänen eines Anschlags gegen ihn berichtete, die Mordechai zufällig mitbekommen hatte. Der König ließ diesen Vorfall in der Chronik seines Reiches festhalten – eine besondere Ehre (für einen verdeckt lebenden Juden in Persien umso mehr), die auch später in der Erzählung noch von Bedeutung sein wird. Vorher lesen wir aber noch, dass die Juden ernsthaft in Gefahr gerieten, da Mordechai sich nicht vor dem höchsten Beamten König Xerxes hatte verneigen wollen – diese Ehre kam nur Gott zu. Den Beamten, Haman, ärgerte das so sehr, dass er mit einer List dafür sorgte, dass Xerxes den Befehl erließ, alle Juden im Land umzubringen.

Hier beginnt nun das große Drama und der Auftritt Esters, die sich bisher an alle Regeln und Erwartungen gehalten und somit ein ruhiges Leben am Königshof geführt hatte. Von dort aus bekam sie wenig von dem mit, was Haman und der König ihrem Volk antun wollten, bis Mordechai es ihr auf umständliche, aber den Sitten entsprechende Weise ans Herz legte. Im Trauergewand und unter Tränen ließ er seiner Cousine ausrichten, sie solle den König darum bitten, das Volk Israel nicht ermorden zu lassen.

Was in Ester vorgegangen sein musste, als sie das alles hörte, können wir uns kaum vorstellen. Zum einen waren da ihr neues Leben und alle Erwartungen, die sie als Königin zu erfüllen hatte, alle Regeln, an die sie sich halten musste. Zum anderen stand vor dem Palast Mordechai und mit ihm sinnbildlich ihr gesamtes Volk, für das sie nun alles riskieren musste, um es zu retten. Außerdem hatte sie sich im Exil ihr Leben lang versteckt, nie ihr wahres Ich zeigen können, immer vorsichtig sein müssen. Das prägte. Wahrscheinlich war Ester eher ängstlich als todesmutig. Wie sollte sie sich entscheiden? Und wie handeln? Zuerst sprach die Königin aus ihr:

> Alle, die im Dienst des Königs stehen, und alle seine Untertanen in den Provinzen des Reiches kennen das unverbrüchliche Gesetz: Wer ungerufen, ob Mann oder Frau, zum König in den inneren Hof des Palastes geht, muss sterben. Nur wenn der König ihm das goldene Zepter entgegenstreckt, wird er am Leben gelassen. Mich hat der König jetzt schon dreißig Tage nicht mehr zu sich rufen lassen.
>
> Ester 4,11; GNB

Auf den Punkt gebracht sagte Ester also: »Wenn ich jetzt zum König gehe, damit ihr nicht umgebracht werdet, wird er mich umbringen.« Sie sah die Gefahr – ja, Ester sah nichts außer der Gefahr, die es bedeuten würde, beim König für das Leben ihres Volkes einzustehen. Mordechai hatte eine etwas weitere Perspektive auf die Sache:

Wenn du in dieser Stunde schweigst, wird den Juden von anderswo her Hilfe und Rettung kommen. Aber du und deine Familie, ihr habt dann euer Leben verwirkt und werdet zugrunde gehen. Wer weiß, ob du nicht genau um dieser Gelegenheit willen zur Königin erhoben worden bist?

Ester 4,14; GNB

Selbst wenn Ester ihr eigenes Leben hätte retten können, indem sie nicht unaufgefordert zum König gegangen wäre, so wären sie und ihre ganze Familie für das Volk Israel gestorben gewesen. Hätte sie sich den Erwartungen gebeugt, die ein sexistisches, antijudaistisches und menschenfeindliches Machtgefüge an sie stellte, hätte sie damit ihr wahres Leben verspielt. Doch Ester entschied sich anders: Sie hatte den Mut, ihre Perspektive über ihre scheinbaren Grenzen hinaus zu erweitern und durfte sehen, dass selbst über der mächtigsten weltlichen Herrschaft mit ihren Regeln und Sitten noch etwas stand. Sie war dazu bestimmt, für dieses Mehr, dieses hier nicht benannte Höhere einzustehen. Sie war dazu bestimmt, wenn auch mit etwas Angst, gegen gesellschaftliche Erwartungen zu handeln. Und das tat sie schließlich auch, was umso bedeutungsvoller wirkt, wenn wir uns die Kraft verdeutlichen, die Mordechais Äußerung in Ester hervorrief. Die Theologin Klara Butting schreibt dazu:

Ohne daß sich die Machtverhältnisse äußerlich verändert haben, wird Ester handlungsfähig. Ihre Perspektive gegenüber diesen Machtverhältnissen verändert sich. Sie selbst gewinnt Macht.[8]

Unglaublich geschickt lud sie den König Xerxes und seinen obersten Beamten Haman zu einem Festessen ein. In den Stunden vor dem Festessen wurde es noch einmal richtig spannend: Haman ärgerte sich erneut darüber, dass Mordechai sich nicht vor ihm verneigte, und beschloss, ihn erhängen zu lassen. Dafür ließ er einen Galgen aufbauen. In der Nacht vor dem Festmahl konnte König Xerxes nicht schlafen und ließ sich aus der Chronik seines Reiches vorlesen. Dabei erfuhr er, wie Mordechai ihn einst vor einem Attentat bewahrt hatte. Dafür war dieser abgesehen von der Erwähnung in der Chronik nicht geehrt worden, was der König nun unbedingt aus Dankbarkeit nachholen wollte. Haman sollte ihm dabei helfen. So plante Haman die öffentliche Ehrung Mordechais, ohne es zu wissen, denn er ging natürlich davon aus, dass nur er selbst solche Ehren verdiente. Haman musste unfassbar wütend gewesen sein, als er erfuhr, dass es nun aber Mordechai war, der geehrt werden sollte. Sicher erschien Haman mit düsterem Blick beim Festessen mit Ester und Xerxes. Seine Laune sollte sich aber bald noch mehr verschlechtern: Der König ließ Ester ihr Anliegen vortragen.

> Wenn ich deine Gunst, mein König, gefunden habe und du mir eine Bitte erlauben willst, dann flehe ich um mein Leben und um das Leben meines Volkes. Man hat uns verkauft, mich und mein Volk; man will uns töten, morden, ausrotten! Würden wir nur der Freiheit beraubt und als Sklaven verkauft, so hätte ich geschwiegen und den König nicht damit belästigt.
> *Ester 7,3b-4; GNB*

Entgegen allen Befürchtungen hatte Ester den König direkt auf ihrer Seite. Ganz empört fragte er, wer denn für solche Pläne verantwortlich sei. Esters Antwort war jetzt mutig und direkt: »Unser Todfeind ist dieser böse Haman hier!« (Ester 7,6b; GNB). Xerxes ließ ihn sofort an dem Galgen aufhängen, den Haman eigentlich für Mordechai hatte bauen lassen. Leider konnte die Verfügung, die Juden zu töten, nicht rückgängig gemacht werden, aber König

Xerxes gestand ihnen zu, sich gegen die Mörder wehren zu dürfen. Das taten sie erfolgreich, und so konnte Ester ihr Volk retten. Noch heute wird am Purim-Fest an den Tag gedacht, an dem die Juden ihre Freiheit erkämpften.

Aus dieser Erzählung können wir so viel lernen. Wasti zeigt uns, dass es niemals umsonst ist, unsere Stimme gegen Ungerechtigkeit zu erheben. Ester tat dies auf ihre eigene Art: sicher mit einigen Ängsten und weniger konfrontativ als Wasti. Für mutig halte ich sie trotzdem beide – wenn nicht Ester sogar noch ein bisschen mehr, da sie in ihrem Glauben und der damit geschenkten Identität ein riesiges Trotzdem fand. Ester war unsicher und tat es trotzdem. Klara Butting dazu:

> Erst nach einer langen Zeit der Anpassung und der Demütigungen steht sie auf und handelt, zu diesem Schritt wird sie durch theologisches Nachdenken herausgefordert, und dann taktiert sie in ihrem Widerstand eher, als daß sie wie Wasti gerade heraus Nein sagt. Dennoch bin ich sicher, daß der Widerstand sehr vieler Frauen in der Regel dem Esters ähnlicher sieht als dem Wastis [...] [und] daß auch eine ängstliche Frau, wenn sie aufsteht, mit ihren unspektakulären Taten den Widerstand einer zum Schweigen gebrachten Vorgängerin fortsetzen und lebendig machen kann.[9]

Es ist nicht zu spät für dich, auch wenn du schon lange deine Hoffnung auf Veränderung aufgegeben hast und keine Möglichkeit zum Ausbruch aus alten Zwängen und fremden Erwartungen mehr siehst. Dein Glaube und deine Erinnerung an deinen Selbstwert können dir neue Kraft und neuen Mut geben! Du musst nicht erst komplett frei von Angst werden, um etwas zu verändern, solange dein Trotzdem stark genug ist. Du musst auch nicht allein für mehr Gerechtigkeit und gegen die Erwartungen anderer kämpfen, du darfst den ersten Schritt gehen und andere inspirieren oder du schließt dich ebenso wertvollen und mutigen Vorkämpferinnen an. Du bist nicht allein!

Ester ließ sich nicht von den gesellschaftlichen und politischen Umständen aufhalten, die ihren gefühlten Handlungsspielraum zuerst einschränkten. Weder Gewalt (von Männern ausgeübt) noch Chaos, schwierige Schicksale oder andere widrige Umstände können auch dich aufhalten, wenn du weißt, wer du bist und wer Gott für dich ist. Obwohl Gott in der Erzählung nicht direkt genannt wird, ist sein Beistand zu spüren. Er ist nicht abhängig von unserem Handeln und Fühlen, denn auch Ester und Mordechai hielten sich nicht im Geringsten an jüdische Gebote und missachteten die Tora. (Sie konnten es aufgrund der Umstände auch gar nicht anders.) Gott will also kein perfektes, heiliges Leben von dir! Wenn er überhaupt etwas verlangt, dann sind das dein Herz und beherzte Entscheidungen. Selbst wenn Gott dir fern erscheint und dich deine Lebensumstände von ihm fernhalten, ist seine Wirkung spürbar. Auch die Erzählung von Ester spielt im Exil, also in einer Zeit und in einem Raum der Gottesferne. So wird es für mich noch deutlicher, dass Esters Berufung nichts mit frommen Idealen zu tun hatte. Sie unterschied sich krass vom traditionellen jüdischen Bild einer idealen Frau. Aber das war egal. Ester war es egal, Gott war es egal und König Xerxes scheinbar auch. Ester grenzte sich ab von anderen und deren Gewalt. Sie grenzte sich ab von ihrer Tradition und handelte damit im wahrsten Sinne des Wortes selbstbewusst. Nur wegen ihrer besonderen Situation, des traurigen familiären Hintergrunds, des kulturellen Erbes ihres Volkes, ihres Glaubens konnte sie den Mut aufbringen und ihre Berufung leben. »Esthers Tun […] steht zwar unter dem Vorzeichen ihrer großen Angst, bleibt aber überlegt und zielstrebig«, schreibt Marie-Theres Wacker.[10] Ihr Glaube ist Esters Trotzdem, das sie über sich und ihre Ängste hinauswachsen lässt.

Übung: Deine Geschichte

Mit diesem Kapitel möchte ich dir Mut machen, deine eigene Geschichte zu schreiben, mutig zu dir zu stehen und dich nicht von den Erwartungen anderer einschränken zu lassen. Fang am besten heute damit an! Vielleicht brauchst du aber erst noch etwas Zeit, weil du gerade erst erkannt hast, welche fremden Ideale bislang dein Leben bestimmt haben, oder du dir erst deiner selbst und deines Wertes bewusst werden willst. In jedem Fall kann es hilfreich sein, deine bisherige Lebensgeschichte aufzuschreiben. Ja, du hast richtig gelesen! Schreibe deine Biografie. Ich bin mir sicher, in deinem Leben ist schon so viel passiert und du warst auf so vielfältige Weise mutig, dass es sich lohnt, das einmal schriftlich festzuhalten. Dadurch kannst du dich besser verstehen.

- Wie bist du zu der Person geworden, die du heute bist?
- Was hat dich geprägt – vielleicht sogar mehr, als dir lieb ist?
- Erkennst du Muster, die wiederkehren?
- Was war dir schon immer wichtig?
- Wo kommst du an deine (gesunden) Grenzen?

All das und noch viel mehr kannst du herausfinden, wenn du dir ein bis zwei Stunden Zeit nimmst und dein Leben chronologisch durchgehst. Dabei musst du auf keinen Fall Vollständigkeit oder sogar Perfektion anstreben. Mach dich frei von zu hohen Erwartungen. Überlege kurz, was gerade das Erste ist, woran du dich in deinem Leben erinnern kannst, und schreib drauflos! Natürlich darfst du auch etwas auslassen oder mit einem kleinen Sternchen versehen, falls dir später noch wichtige Aspekte einfallen sollten. Und vergiss nicht: *Du* schreibst deine Geschichte!

Kapitel 2:

ÜBE(R) DEN MUT ZU GLAUBEN

Auch in diesem Kapitel wirst du nichts von großen Märtyrerinnen oder unerschrockenen Glaubenshelden aus Geschichte und Gegenwart lesen. Ich werde dir keine Zeugnisse mutigen Gottesgehorsams erzählen und dir damit womöglich ein schlechtes Gefühl geben. Vielleicht geht es dir da so wie mir: Ich bekomme immer etwas Bauchschmerzen, wenn ich von den Verfolgungen höre, die Menschen aufgrund ihres Glaubens drohen – egal, welcher Glaube das ist. Aber vor allem, wenn es um die Verfolgung von Christinnen und Christen geht, meldet sich mein schlechtes Gewissen. Als Erstes denke ich daran, wie unvorstellbar herausfordernd es sein muss, unter solchen Umständen den Glauben nicht zu verlieren oder zu verleugnen, und auch daran, wie leicht mir mein Glaube im Vergleich dazu fallen müsste. Das bringt mich zu Vorwürfen, die ich mir selbst mache. Ich denke dann, ich würde zu wenig glauben, beten, Gott vertrauen … und viel zu sehr an meinem Leben auf dieser Erde hängen.

Wenn wir Glauben (im Sinne von öffentlich für den Glauben einstehen) auf einer Skala messen würden, käme meiner nicht ansatzweise heran an den von Menschen, die tagtäglich Bedrohungen ausgesetzt sind, weil sie glauben. To be honest: Für einen Glauben unter solchen Umständen wäre ich wahrscheinlich nicht mutig genug. Eine solche Art von Mut kann ich hier in diesem Buch und mit meinen (Gott sei Dank!) mangelnden Erfahrungen auf diesem Gebiet gar nicht thematisieren. Ich weiß aber sicher, dass es heute grundsätzlich Mut bedarf, um zu glauben. Wenn du glaubst, riskierst du, von anderen schief angeschaut zu werden, stellst dein Leben auf eine Basis, die als veraltet gilt, und hast eben doch nie eine an Sicherheit grenzende Wahrscheinlichkeit, die sich berechnen lässt wie in der Wissenschaft. Glaube ist immer ein Schritt ins Ungewisse. Glaube braucht Vertrauen – und Mut.

Meine Glaubensreise

Ich erinnere mich an ein Weihnachtsfest in meiner Kindheit, zu dem ich eine Bibel geschenkt bekam. Ich erinnere mich auch daran, wie enttäuscht ich von diesem Geschenk war. Es war eine moderne Übersetzung in einem designmäßig höchst fragwürdigen Look. Optisch war ich also schon mal sehr abgeschreckt und auch sonst war es mir unergründlich, weshalb meine Eltern dachten, ich würde mich über ein solches Geschenk freuen. Ich weiß noch genau, wie ich abends im Bett lag und mir ausgerechnet habe, was ich für das Geld, das die Bibel gekostet hatte, sonst hätte kaufen können. Ich glaube, meine Wahl wäre auf eine CD von Tokio Hotel gefallen.

Meine CDs von damals habe ich heute nicht mehr, aber diese hässliche Bibel existiert noch. Ich habe ihr Design verschlimmbessert, indem ich versuchte, sie anzumalen und zu bekleben. Am Inhalt hat sich aber nichts geändert.

Es dauerte eine ganze Weile, bis ich zum ersten Mal wirklich bewusst in ihr las. Das war im Konfirmationsunterricht. Als ich anfing, dorthin zu gehen, war mir nicht so wirklich klar, was Glaube eigentlich ist. Wenn er so sein sollte wie das Bild, das ich bisher von Kirche hatte, glich er in seiner Attraktivität der hässlichen Bibel. Menschen, die in die Kirche gingen, fand ich mit zwölf Jahren ausgesprochen langweilig und uncool (ja, damals war das noch ein Wort). Noch viel suspekter waren mir aber die wenigen Gleichaltrigen, die mir ständig von Gott, diesem alten Mann, erzählen wollten. Sie kannte ich nicht aus dem Konfi-Unterricht, sondern über Umwege aus einer Freikirche. Es schien mir so, als lebten sie in einer anderen Welt als ich und die meisten anderen Menschen. Die erlebte ich nämlich als sehr kompliziert und nicht gerade freundlich zu einem pubertierenden Mädchen. Alle(s) nervte(n) mich und ich nervte alle.

Da gab es aber etwas, was ich bei manchen dieser Gemeindeleute sah, was mich dennoch berührte: Geduld, Liebe und Hingabe, wie ich sie in meinem bisherigen Leben selten erlebt hatte. Es war nicht so, dass ich diese Dinge gar nicht kannte. Vielmehr wusste ich genau, dass ich anderen gegenüber so geduldig, liebevoll und hingegeben nie sein könnte. Und plötzlich war ich umgeben von Menschen, die alle anderen – egal, wie nervig, uncool oder anstrengend sie auch sein mochten – sehr freundlich behandelten. Diese Superkraft wollte ich auch haben, könnte ja mal ganz nützlich sein. Also hörte ich mir das Ganze mit Gott und Jesus und dem Heiligen Geist genauer an.

Ich fand auch heraus, woher die anderen aus der Gemeinde ihre Liebe hatten: von Gott und dem unbändigen Wunsch, dass noch mehr Menschen ihn kennenlernten. (Heute würde ich aus kritischer Perspektive sagen, dass vor allem Letzteres der Antrieb war und dass das auch nicht ohne Kollateralschäden ablief, aber das ist eine andere Geschichte.)

Ich konnte mich in dieser Zeit sehr gut mit Paulus identifizieren, der auch zunächst gar nichts von denjenigen hielt, die an Jesus glaubten, dann aber »Bekanntschaft mit Jesus machte«, wie ich es in einer Andacht, die ich im Schüler-Bibel-Kreis meines Gymnasiums mal hielt, formulierte. Darin zog ich eine weitere Parallele zwischen Paulus und mir:

Und auch ich bin Gott dankbar dafür, dass er ständig an uns arbeitet und uns zum Guten verändert. Wäre ich vor drei Jahren nicht zum Glauben gekommen, wüsste ich nicht, wo ich heute wäre. Die Veränderung, die ich mitgemacht hab, ist zwar nicht soo groß und heftig wie die von Paulus, aber dennoch spürbar. Ich hoffe, der Herr wird noch weiter an uns allen arbeiten, sodass wir zu seinen Dienern werden können.

Als ich diese Worte in mein Notizbuch schrieb und dem Schüler-Bibel-Kreis vortrug, muss ich ungefähr fünfzehn Jahre alt gewesen sein. Heute würde ich das alles etwas anders formulieren, aber es ist deutlich zu erkennen: Der Glaube, den ich damals kennengelernt hatte, hatte mich verändert. Das merkten auch meine Mitschülerinnen und Mitschüler, und ich musste mich zum ersten Mal damit auseinandersetzen, dass zum Glauben auch Mut gehört. Nun war ich diejenige, die ausgelacht wurde, weil sie glaubte, dass es Gott gibt. Es wird dich vielleicht überraschen, aber ich konnte meine Bullys so gut verstehen –, immerhin hatte ich ja selbst einmal ihren Blick auf gläubige Menschen gehabt. Ich fand mich manchmal sogar selbst etwas befremdlich. Mein Glaube hatte mich so verändert, dass ich mir fremd vorkam. Ich schwebte irgendwo zwischen diesen beiden Welten von Glaube und Nicht-Glaube und passte weder hier noch dort hinein. Glaube bedeutete in meiner Teenie- und Jugendzeit vor allem, dass ich aufpassen musste, mich richtig zu verhalten, und gleichzeitig bedingungslos geliebt war.

Auch hier schwebte ich irgendwo dazwischen. Gott war für mich einerseits ein Zuhause, andererseits Herausforderung. Die Menschen, die ich während dieser Zeit kennenlernte, waren auch eine solche Mischung, enge Vertraute und gleichzeitig eine Aufgabe.

Den Konfi-Unterricht verließ ich schließlich wirklich mit einer Bekräftigung meines Glaubens und meiner Taufe, die ich bereits als Säugling empfangen hatte. Ich lernte in der Kirche und in einer Freikirche, wer Gott ist und dass ich geliebt bin. Und nicht zuletzt lernte ich auch gute Freundinnen und Freunde kennen. All dies kann ich sicher sagen, auch wenn ich in vielen Momenten irgendwo dazwischen war. Ich brachte den Mut auf, mich von hässlichen Bibelcovern und scheinbar seltsamen Menschen nicht abschrecken zu lassen. Ich brachte den Mut auf, manches Mal ganz klar Stellung für meinen Glauben zu beziehen und mich dem Gelächter der anderen auszusetzen und viele andere Male keine absolute Sicherheit zu haben, obwohl sie gerade vonseiten der Freikirche versprochen wurde.

Bis heute braucht es Mut in meinem Glauben: Mut, auf der Suche zu sein nach Inhalt, Sinn und Ziel von Glaube. Meine Reise führte mich aus der Landeskirche hinein in verschiedene Freikirchen (und mittlerweile wieder zurück zur Landeskirche), an eine sogenannte Bibelschule, zum Reli-Lehramtsstudium an die Uni, zu ganz unterschiedlichen Ansichten und zu noch vielfältigeren Menschen. Auf meinem Weg fühlte ich mich Gott dabei mal sehr nah und dann wieder fern. Trotzdem bin ich so mutig, zu sagen, dass ich auf dieser Reise immer von Gott begleitet wurde und werde. Daraus schöpfe ich neuen Mut für alle Täler, Anstiege und Höhen, für alle Wüsten und Oasen, für alle Fragen und Antwortversuche, die da noch am Wegrand auf mich warten.

Abrahams Glaubensreise

Ich kenne jemanden, der ebenfalls mit Gott auf einer Reise ins Ungewisse war: Abraham. Ja, Mose und das Volk Israel sind später auch noch mal eine ganze Weile zu Fuß unterwegs gewesen, aber wir beginnen mit dem ersten Exodus (Auszug), von dem das Alte Testament erzählt. Abraham spielt darin die Hauptrolle und wird zum Vorbild für Glauben, Vertrauen und Mut in gleich drei Religionen! An diesem Reisebericht muss etwas dran sein, dass er sowohl vom Islam, vom Judentum als auch vom Christentum als so bedeutungsvoll und grundlegend für das Verständnis vom eigenen Glauben an Gott angesehen wird. Ich finde sogar, dass diese Erzählung für alle Menschen relevant ist, weil sie etwas verdeutlicht, das uns alle betrifft. Mit diesem Gedanken bin ich nicht allein, die katholische Theologin Maria Kassel entdeckte schon 1975 das große Potenzial der Erzählung von Abraham. Wenn du diese Geschichte genau nachlesen möchtest, findest du sie ab 1. Mose 12. Sie geht ungefähr so:

Ein Mann namens Abram (später gibt Gott ihm den Namen Abraham) bekam von Gott den Auftrag, seine Heimat zu verlassen und alle Sicherheiten aufzugeben, um in ein Land zu ziehen, welches er ihm zeigen würde. Gott versprach ihm viel Gutes und so zögerte Abram nicht und zog mit seiner Frau Sara, seinem Neffen Lot und allen seinen Knechten und Mägden los. Da war er bereits 75 Jahre alt. Ihre Reise startete in Haran, was wir heute zwischen der Türkei und Syrien verorten können, und sollte in Kanaan, heute Israel, enden. Zu Fuß und in dem Alter keine leichte Nummer! Der Weg war gepflastert mit Herausforderungen, die Abram nicht immer meisterte. Trotzdem ließ Gott ihn und seine Familie nicht im Stich und hielt alle Versprechen. Aus dem alten Abram wurde schließlich ein großes Volk, das Volk Israel. All das begann mit den Worten:

Verlass deine Heimat, deine Sippe und die Familie deines Vaters und zieh in das Land, das ich dir zeigen werde! Ich will dich segnen und dich zum Stammvater eines mächtigen Volkes machen. Dein Name soll in aller Welt berühmt sein. An dir soll sichtbar werden, was es bedeutet, wenn ich jemand segne. Alle, die dir und deinen Nachkommen Gutes wünschen, haben auch von mir Gutes zu erwarten. Aber wenn jemand euch Böses wünscht, bringe ich Unglück über ihn. Alle Völker der Erde werden Glück und Segen erlangen, wenn sie dir und deinen Nachkommen wohlgesinnt sind.

1. Mose 12,1b-3; GNB

Das ist das, was wir direkt wahrnehmen, wenn wir den Text lesen. Gott forderte Abraham auf, seine Heimat zu verlassen, und gab ihm dafür die Verheißung, dass er ein großes Volk hervorbringen, einen großen Namen bekommen, gesegnet sein und selbst segnen würde. Aber was bedeutet diese Erzählung denn nun auf einer tieferen Ebene? Warum berührt sie seit Tausenden von Jahren Menschen auf der ganzen Welt?

Das kann daran liegen, dass Abraham als Sinnbild für eine Grunderfahrung von menschlichem Leben steht – Abraham kann als Archetyp verstanden werden. Wir bewegen uns hier also auf einer übergeordneten Ebene und versuchen, das aus dem Text herauszufiltern, was ganz unabhängig von Zeit und Ort gelten kann. Trotzdem ist es wichtig, den Bibeltext vorher in seinem ursprünglichen Kontext zu verstehen. Wir holen uns dafür Hilfe von Maria Kassel. Sie interpretiert Abrahams Weg als Reise zu sich selbst und einem tieferen Verständnis davon, wer Gott ist.[11] Auch Melanie Wolfers schreibt: »Abraham […] ist aus biblischer Sicht so etwas wie der Urtyp des gläubigen Menschen, der seine Komfortzone verlässt.«[12]

In dem Moment, als Abraham Gottes Stimme hörte, veränderte sich für ihn alles. Wir können uns nur vorstellen, wie das im Detail ausgesehen und geklungen haben mag, aber das ist eher unwichtig, weil wir das Ergebnis kennen: »Abram folgte dem Befehl des HERRN und brach auf [...]« (1. Mose 12,4a; GNB). So, wie es aussieht, konnte Abraham gar nicht anders, als diesem Ruf zu folgen. Möglicherweise hörte er die Stimme nur in seinem Inneren, aber war ganz gewiss, dass Gott ihn meinte. Er brauchte keine Begründung, keinen Beweis, keine Sicherheit. Abraham vertraute in diesem Moment bedingungslos.

Ich stelle mir das so vor, dass Abraham in diesem Augenblick ganz bei sich selbst war und wusste, dass er sich auf den Weg machen musste. Das Ziel kannte er nicht und auch der Weg war ihm noch fremd, aber die neuen Räume schienen ihm so vielversprechend und die (innere) Stimme so vertrauenswürdig, dass er losging. Das stellte sein Leben natürlich auf den Kopf, schenkte Abraham aber auch ganz neue Möglichkeiten. Er verließ sein altes Leben voller Sicherheit und Gemeinschaft, aber auch ein Leben, in dem er sich womöglich nicht mehr kreativ und schöpferisch entfalten konnte. Ein Leben, das Wärme spendete, aber auch träge machen konnte.[13] Bestimmt war Abrahams altes Leben gar nicht so schlecht gewesen, aber Gott hatte mehr für ihn.

Mehr Leben, mehr Verstehen, mehr Glauben, mehr Mut. Die Sehnsucht danach kenne ich selbst. Es könnte doch so einfach sein, dies alles zu erreichen ... ich müsste »einfach nur« meine alten Bindungen lösen, meinen Ballast abwerfen und meine Beine bewegen. Aber wie oft traue ich mich nicht. Lieber gehe ich auf Nummer sicher, als dass ich nachher etwas bereue. Möglicherweise tue ich das auch nicht – etwas bereuen –, aber ich wundere mich ab und zu, dass ich immer noch in meinem von mir zu eng gesteckten Rahmen festhänge. Wie gern wäre ich offener und abenteuerlustiger. Wie gern würde ich mich einfach in neue unbekannte Situationen stürzen können, ohne mir stets direkt das schlimmste aller Worst-Case-Szenarios für ihren Ausgang auszumalen. Wie gern würde ich einfach sagen können: »Das wird schon!« Ich wünsche mir oft ein größeres Vertrauen darauf, dass Gott es gut mit mir und der Welt meint und seine Worte an Noah, Abraham und Mose genauso auch für mich gelten. Ich lese »Nie wieder will ich alles Leben vernichten« (1. Mose 8,21b) und sehe gleichzeitig dabei zu, wie wir Menschen diesen Planeten zerstören. Ich lese »Und ich […] will dich segnen […] und du sollst ein Segen sein« (1. Mose 12,2; LUT) und fühle mich oft weder gesegnet noch in der Lage, andere Menschen zu segnen. Ich lese »Ich bin da« (2. Mose 3,14a; GNB) und könnte in einigen Momenten kaum einsamer sein. Ich wünsche mir ein mutiges Vertrauen darauf, dass in dem, was ich erlebe, Gottes Zusagen gelten und mein Worst-Case-Szenario nur eine von vielen Optionen ist. Ich wünsche mir einen vertrauenden Mut, das Andere zu erkennen und anzustreben. Dazu fällt mir ein Zitat ein, das Albert Einstein zugeschrieben wird: »Die Definition von Wahnsinn ist, immer wieder das Gleiche zu tun und andere Ergebnisse zu erwarten.«[14]

Getrieben von dieser äußerst seltenen Erwartung des anderen begab sich Abraham auf den Weg und hatte nur sein Vertrauen auf Gottes Verheißung von mehr. Dieses Mehr »ist für Abraham nur zu erreichen, wenn er den Aufbruch wagt im Vertrauen darauf, es tatsächlich zu finden, obwohl es sich nirgends für ihn abzeichnet«, schreibt Maria Kassel.[15] Ich finde mich darin wieder. Wenn ich an die Zukunft denke, brauche ich auch ganz schön viel Mut, um weiterzugehen. Die äußeren Umstände können wir nie beeinflussen, weder in der Gegenwart noch in der Zukunft. Aber ich möchte wenigstens mich gestalten, möchte immer mehr ich selbst werden. Möchte meinen Glauben gestalten und immer mehr von

Gott entdecken. Wer weiß, ob ich jemals ankommen werde, aber auf dem Weg dahin lerne ich mich und Gott besser kennen. Mit jedem Schritt wachsen mein Vertrauen und mein Mut. Zuerst mag es sich beängstigend anfühlen, Altes hinter sich zu lassen, dann aber kommt die Freiheit. Melanie Wolfers schreibt dazu:

> Das ist die Sternstunde des Glaubens: Abraham verlässt das Korsett äußerer Sicherheiten und hat den Mut, sich auf seine innere Stimme zu verlassen. [...] Er bricht auf und spürt, wie in ihm ein nie gekanntes Vertrauen wächst und ihn begleitet. Er betritt Neuland und erfährt dabei, innerlich getragen zu sein.[16]

Gotte segnete Abraham und belohnte ihn mit einem großen Volk und einem großen Namen. Zusammengefasst steht das für die Erfüllung des Lebens. Gott schenkte ihm nicht nur mehr, sondern alles. Ja, Abraham musste mutig sein, denn zuvor hatte er sein altes Alles aufgeben müssen, um das neue, gottgeschenkte Alles zu finden. Aber genau das möchte ich auch! Abraham inspiriert mich, mutig zu sein und zu vertrauen, auch wenn da noch gar nichts zu sehen ist. Mein Glaube darf wachsen, ich darf zweifeln, hoffen, neue Räume öffnen, Freiheit finden und mutig sein. Abraham und seine Geschichte sind für mich wirklich zum Segen geworden.

Was ist Glaube eigentlich?

Ich habe mich auf die Suche nach einer Definition für Glauben gemacht. Als Person, die sich in der Bibel auskennt, fällt mir da direkt Hebräer 11 ein. Bevor in diesem Kapitel der Bibel gezeigt wird, an welchen Punkten in ihrem Leben Figuren aus dem Alten Testament besonderen Glauben bewiesen haben, steht da tatsächlich eine kleine Definition: »Der Glaube ist der tragende Grund für das, was man hofft: Im Vertrauen zeigt sich jetzt schon, was man noch nicht sieht« (Hebräer 11,1). Diesen Vers kennst du vielleicht auch schon. Wir könnten ihn auseinanderbauen und von allen möglichen Seiten betrachten, aber ich möchte mich nur auf den letzten Teil beziehen, weil dieser mir am nächsten zu unserem Leben zu sein scheint: Wir sehen es noch nicht.

Ich liebe diesen Ansatz! Ist die Bibel nicht eine einzige Sammlung von Erzählungen über Menschen, die etwas noch nicht gesehen haben? Nehmen wir Noah: Zuerst sah er den Regen nicht, dann sah er das Land nicht. Abraham sah seine Nachkommen nicht, nur sein und Saras hohes Alter. Mose sah die Freiheit nicht, nur den wütenden Pharao. Hiob sah den Sinn seines Leidens nicht, aber seine Freunde mit Rat-Schlägen. Die Jünger sahen Jesu Tod, nicht ihn als mächtigen Retter.

In diesen Beispielen finde ich mich wieder. Wenn ich anfange, die Geschichten dieser Menschen zu lesen, fühle ich mit und denke: »Wow, die haben es auch nicht leicht!« Ganz anders, als wir durch unsere Prägung oft denken, fangen diese Geschichten nicht damit an, dass alles gut ist und Gott alle Schwierigkeiten aus der Welt schafft, bevor wir sie überhaupt bemerken. Sie fangen so an, als könnten sie vor meinem Fenster spielen. Sie stellen uns eine Welt vor, die in Gewalt und Naturkatastrophen versinkt. Geben uns Einblicke in die Wohn- und Schlafzimmer von Familien, wo wir Mord, Unfruchtbarkeit, Betrug, Vergewaltigungen, Neid, schwere Schicksale und viel mehr beobachten können. Zeigen uns Freundschaften mit all ihren Höhen und Tiefen, Menschen in guten und schlechten Zeiten.

Das klingt für mich gerade etwas zu sehr nach gewissen Fernsehsendungen. Für dich auch? Ich formuliere es anders: Die Bibel startet bei Menschen wie dir und mir. Ich kann mir vorstellen, dass sie genau wie wir auch auf der Suche nach dem waren, was Glauben eigentlich bedeutet. Wir können also, wenn wir ihre Geschichten lesen, mit ihnen gemeinsam Antworten darauf finden. Mit Abraham haben wir bereits eine Antwort gefunden: Glaube braucht Vertrauen, Mut und einen ersten Schritt in Richtung göttlicher Freiheit.

Diesen Schritt haben alle Personen, die ich eben als Beispiele aufgezählt habe, gemacht – Noah, Abraham, Mose, Hiob, die Jünger –, sonst würden wir heute ihre Geschichten wahrscheinlich nicht mehr lesen. Denn die Bibel ist nicht nur ein Buch über, von und für Menschen, die noch nicht sehen, sondern über Menschen, die mutig genug waren, trotzdem auf Gott zu vertrauen.

Noah sah den Regen noch nicht und baute trotzdem die Arche, ohne sich durch den Spott der anderen davon abhalten zu lassen. Abraham sah das Ziel noch nicht und lief trotzdem los, ohne auch nur eine Sicherheit zu behalten. Sara sah keine Möglichkeit, noch Kinder zu bekommen, und hielt trotzdem an der Zusage Gottes fest. Mose sah die Freiheit noch nicht und führte das Volk trotzdem hinein, wovon ihn auch der Pharao nicht abhalten konnte. Hiob sah Grund und Ende seines Leides nicht und gab trotzdem nicht auf, auch wenn seine Freunde ihn nicht wirklich unterstützten. Die Jünger sahen den großen Retter nicht, den sie erwartet hatten, und folgten ihm trotzdem mit größter Hingabe nach.

Und ich? Ich habe keine einfache Definition für den Glauben, mehr Fragen als Antworten, meist eine große Portion Angst dabei, sehe oft mehr Fluch als Segen und hoffe trotzdem noch, dass Gott es gut meint. Das kann ich, weil ich überzeugt davon bin, dass es für die Existenz Gottes unbedeutend ist, was ich davon schon sehen kann oder eben noch nicht. Aber ich bin sicher, dass es Gott auch nicht egal ist, was ich erlebe. Das erkenne ich daran, dass die Erzählungen in der Bibel genau an diesen Punkten starten. Doch sie bleiben dort nicht stehen.

Unsere Grenzen sind nicht Gottes Grenzen. Gott ist nicht abhängig von uns. Wir sind abhängig von ihm. Sebastian Rink, ein Pastor und Autor, definiert Glaube dazu passend so:

> Glaube ist nicht das Zutrauen in die eigenen Fähigkeiten, sondern ein sich reinhängendes und sich selbst verlassendes Vertrauen darauf, dass es Gott selbst ist, was in all dem geschieht. [...] Vielleicht könnte man sagen: Glaube ist, wenn sich Gott und das Leben übereinanderlegen, sich zusammenfügen und ein Gemeinsames ergeben.[17]

Ich fühle mich in dieser Definition von Glauben gut aufgehoben mit meinen vielen Fragen und Erfahrungen. Ich habe aber auch großes Verständnis dafür, wenn du diese Ansicht nicht teilst! Schließlich kommt es in allen anderen Bereichen unseres Lebens stets darauf an, was wir können, wissen, leisten ... nur beim Glauben ist es anders. Da kommt es nicht darauf an, wie gut wir Gebote halten und Regeln befolgen können. Es kommt auf Gott an und auf unser Vertrauen darauf, dass wir nie alle Antworten haben werden und perfekt sein müssen. Vielleicht ist dieser Gedanke fremd für dich. Dann überlege einmal, wie du Glauben definieren würdest:

- Was bedeutet Glaube für dich und woran bemerkst du ihn?
- Ist es ein bestimmtes Gefühl, das immer mal wieder bei dir auftaucht?
- Spürst du eine tiefe innere Gewissheit?
- Sind es Handlungen, an denen du Glauben erkennst?
- Ist es eine Zugehörigkeit?

All das wären mögliche Definitionen für Glauben, und es sind alles wichtige Aspekte von Glauben. Dagegen klingt der Versuch einer

Definition von Sebastian Rink vielleicht zu philosophisch und du wünschst dir stattdessen eine konkrete Definition: »Was ist Glaube?« – »Glaube ist…!« Klare Frage, klare Antwort.

In meinen sieben Jahren Theologiestudium habe ich eins gelernt: Theologin zu sein bedeutet, dass ich Fragen habe, nicht Antworten! Denn jede Antwort, die ich finden und glauben könnte, untergräbt mein Vertrauen auf Gott. Mit jeder meiner festgelegten Antworten kommt es mehr auf mich an als auf Gott. Das fängt für mich bei Stilfragen an und gipfelt in der Frage: »Wer ist Gott?« Gerade auf diese will ich nicht vorschnell eine Antwort finden. Das bedeutet nicht, dass wir uns deshalb resigniert zurückziehen sollten, weil wir sowieso nie an Gott und damit den Glauben herankommen werden. Wir stellen weiter Fragen, vertrauen, dass es Antworten gibt, die wir noch nicht sehen, und begeben uns auf eine Reise. An dieser Stelle noch mal Sebastian Rink:

> Im Glauben geht es nicht um die richtigen Antworten
> und besseres Wissen, sondern um die richtigen Fragen.
> Es geht nicht darum, die Welt besser zu verstehen, sondern
> sie liebevoller wahrzunehmen – und zu gestalten.[18]

Der Glaube lebt von unserem Vertrauen darauf, das alles anders werden kann, als wir es gerade noch sehen. Damit lebt er von seiner Offenheit und stellt uns vor die Aufgabe, diese anzunehmen und zu trainieren. Möglicherweise beginnt genau dort die Herrschaft Gottes, wo wir Offenheit entwickeln für uns, für andere und für Gottes Geist.

Und das ist es für mich, warum Glaube und Mut so eng zusammenhängen. Sicherer wäre es, sich auf die eigenen Fähigkeiten, Kenntnisse, Wahrnehmungen, Gefühle und Gedanken zu verlassen. Und noch ein Schritt weiter: Einfacher wäre es, sich auf die eigene Prägung zu verlassen, auf das Bekannte, auf das, wo alles klar ist. Aber das ist nicht der Glaube, den uns die Bibel mit den Geschichten von Noah, Abraham, Mose und Co. erzählt. Nur wird in unseren Kirchen manchmal genau dieses Bild vom Glauben vermittelt. Glaube ist Festhalten an und Vertrauen auf Tradition, so nehme ich es oft wahr. (Ganz falsch ist dieses Prinzip nicht, wie uns das Judentum zeigt.) In erster Linie ist Glauben aber Festhalten an und Vertrauen auf Gott – in einer Welt, die sich (scheinbar nur zum Schlechten) verändert und in der wir Gott nicht sehen können. Trotzdem ist Gott da. Trotzdem möchte ich immer genug Mut haben zu glauben.

Daniels Glaubensreise: Mutig, gläubig oder naiv?

Das Gefühl, Gott sei in dem riesengroßen Chaos, das uns umgibt, nicht anwesend, ist nichts Neues. Der Eindruck, es spräche so viel mehr gegen den Glauben als dafür, ist so alt wie der Glaube selbst. Es wäre doch irgendwie einfacher, so zu leben wie die Menschen um uns herum, die nicht an Gott glauben. Weniger Regeln, weniger Herausforderungen, weniger (Gewissens)konflikte. Ein leichteres Leben führen … Wir sind nicht die ersten Personen, die das manchmal so empfinden. Für alle, denen es so geht, hält die Bibel eine bestimmte Art von Texten bereit. Sie alle haben das Ziel, Menschen zu ermutigen, denen es aufgrund äußerer Umstände schwerfällt, zu glauben und entsprechend zu leben.[19] Gott scheint in diesen Phasen fern und das »normale« Leben viel leichter. Manchmal ist der Preis, der für den Glauben gezahlt werden muss, auch einfach zu hoch. Das kann im schlimmsten Fall das eigene Leben sein, vielleicht aber auch »nur« das Ansehen vor einer bestimmten Gruppe oder die Verleugnung von eigenen Gefühlen und Sichtweisen. Vielleicht hast auch du schon mal Schweres und Herausforderndes aufgrund deines Glaubens erlebt. Ich auf jeden Fall! Aber so können wir uns gut in die Situation von Daniel hineinversetzen und durch seine Geschichte ermutigt werden.

Daniel lebte im Südreich Juda im 6. Jh. v. Chr., als die Babylonier Jerusalem eroberten und viele Menschen ins Exil nach Babylon verschleppten. Daniel erging es auch so. Er wurde mit anderen jungen Männern aus dem judäischen Königshaus an den Hof von Nebukadnezar, dem babylonischen Herrscher, gebracht, um dort zu arbeiten. Als Erstes wurden die vier jungen Männer umbenannt, aus Daniel wurde Beltschazar (wir bleiben aber lieber bei Daniel). Nicht nur seinen Namen, der im alten Orient eng mit der gesamten Identität eines Menschen zusammenhing, konnte Daniel nicht behalten, sondern auch die Ausübung seines jüdischen Glaubens wurde ihm nahezu unmöglich gemacht. Eine große Herausforderung war das Essen, das in Babylonien so gar nicht konform mit den jüdischen Speisegeboten war. So mussten Daniel und seine Freunde kurzerhand zu Veganern werden. Gott half ihnen dabei, indem er den für das Essen zuständigen Hofbeamten Verständnis zeigen ließ. Entgegen allen damaligen Erwartungen schadete den Männern die reduzierte Ernährung nicht, sondern ließ sie optisch hervorstechen.

Gott sorgte dafür, dass die drei Männer auch sonst für ihre königlichen Aufgaben geeignet waren. So wurde Daniel ein weiser Mann, der Träume deuten konnte und immer guten Rat wusste. Diese Stärken setzte er sehr bedacht ein, als schon die besten Traumdeuter des Landes an einem Traum von König Nebukadnezar gescheitert waren. Daniel ging zu seinen Freunden, erzählte ihnen von der Herausforderung und bat sie, zu Gott zu beten, damit er den Traum vom König verstehen und deuten können würde.

Tatsächlich träumte er die Auflösung und Gott zeigte sich somit mächtiger als alle anderen Wahrsager, Traumdeuter und Geisterbeschwörer mit ihren Göttern. Das erkannte auch Nebukadnezar, als Daniel ihm seinen Traum erzählte und erklärte. Tief beeindruckt von Daniel und seinem mächtigen Gott gab Nebukadnezar Daniel einen sehr guten Job am Hof und seinen Freunden in der Provinz Babylon.

Die drei Freunde kamen aber in große Schwierigkeiten, als sie sich in ihrem neuen Job weigerten, sich vor der Statue des Königs zu verneigen. Als Strafe sollten sie in einem Ofen verbrannt werden. Dieses Schicksal ereilte allerdings nur die Soldaten, die die Männer hineinwarfen. In dem Ofen selbst wurden die drei von einem gottähnlichen Wesen vor den Flammen geschützt. Nebukadnezar erkannte wieder, wie mächtig der Gott von Daniel und seinem Volk war. Dann träumte er die nächsten Rätsel. Daniel konnte auch den zweiten Traum von Nebukadnezar korrekt deuten und es dauerte nicht lange, bis er sich erfüllte. Auf dem Höhepunkt seiner Macht verlor Nebukadnezar seinen Königstitel und musste so lange wie ein Tier leben, bis er erkannte und bekannte, dass Jahweh derjenige ist, der mächtiger als alle anderen (menschlichen) Herrscher ist. Nebukadnezar durfte danach in sein Amt zurückkehren.

Wir springen ungefähr 25 Jahre in die Zukunft. Der nächste König von Babylon, Belsazar (Achtung, nicht mit dem neuen Namen Daniels verwechseln), hatte diese Erkenntnis nicht und Gott offenbarte ihm durch Daniel seinen Tod. Wie angekündigt, starb der König Belsazar in der darauffolgenden Nacht und sein Reich wurde von den Persern und Medern eingenommen.

Der nächste König war also noch viel fremder für Daniel als die beiden zuvor, er hieß Darius. Trotzdem setzte er Daniel in eine verantwortungsvolle Position, bei der schnell klar wurde, dass Daniel viel weiser und begabter war als alle anderen Beamten. Denen gefiel das gar nicht und sie suchten »in seinem Glauben etwas Anstößiges« (Daniel 6,6). Das gelang ihnen und sie überzeugten König Darius, eine Verordnung zu erlassen, die Daniel vor eine schwierige Entscheidung stellen sollte: Niemand durfte in den folgenden dreißig Tagen eine Bitte an einen anderen Menschen oder Gott stellen als an den König selbst. Daniel ließ sich davon aber nicht aus der Ruhe bringen, geschweige denn vom Beten abhalten. Es dauerte nicht lange und er wurde festgenommen. Die Strafe, die die neidischen Beamtenkollegen direkt ins Gesetz mit hatten einschreiben lassen, sah vor, dass Daniel den Löwen zum Fraß vorgeworfen werden sollte. Darius wollte Daniel retten, aber er konnte es nicht. Noch nicht einmal der König selbst war mächtig genug, um seine eigenen Gesetze zu umgehen. Daniel wurde in die Löwengrube geworfen. Die letzten Worte des Königs an Daniel waren »Dein Gott, dem du so treu dienst, möge dich retten!« (Daniel 6,17).

Wir erfahren erst mal gar nicht, was weiter mit Daniel passierte, sondern begleiten König Darius in seinen Palast, wo er eine schlaflose Nacht erlebte. Am nächsten Morgen rannte er schnell zur Löwengrube und wollte sehen, ob Daniel von seinem Gott gerettet worden war. Und tatsächlich! Daniel kam unversehrt aus der Löwengrube heraus, weil Gott die Mäuler der Bestien verschlossen hatte. Das beeindruckte König Darius, der wahrscheinlich zuvor noch nie vom Gott Israels gehört hatte, so sehr, dass er allen Menschen in seinem Reich folgende Botschaft mitteilen ließ:

Ich wünsche euch Glück und Frieden! Hiermit ordne ich an, in meinem ganzen Reich dem Gott Daniels Ehrfurcht zu erweisen! Denn er ist der lebendige Gott, der in alle Ewigkeit regiert. Sein Reich geht niemals unter, seine Herrschaft bleibt für immer bestehen. Er rettet und befreit, er vollbringt

Zeichen und Wunder, sowohl im Himmel als auch auf der Erde.

Daniel 6,26b-28a

Die Reaktion des Königs zeigt, welches Potenzial darin liegt, genug Mut für den eigenen Glauben aufzubringen. Daniel war quasi doppelt fremd, als Judäer in Babylonien, das von einem persischen König regiert wurde, und konnte durch seinen Mut einen Unterschied machen.

Solltest du dich jetzt gerade etwas eingeschüchtert fühlen von Daniels Mut oder eben beim Lesen der Erzählung auch einfach nur den Kopf geschüttelt haben vor lauter Ungläubigkeit über Daniels Naivität (ich meine, dreißig Tage hätte der bestimmt auch mal ohne Gebet ausgehalten, oder?), kann ich das gut nachvollziehen. Diese Reaktionen sind schon eingeplant gewesen, als diese Worte 200 v. Chr. aufgeschrieben wurden. Doch wir können so viel aus dieser Geschichte lernen, die schon Generationen vor uns fasziniert und ermutigt hat. Für mich ist Daniel die Person, die mir zum Thema »mutig glauben« direkt einfiel.

Würden wir Daniel fragen, wie wir genug Mut bekommen können, um zu glauben, würde er möglicherweise mit diesen drei Statements antworten:

1. Wir dürfen anerkennen, dass Gott mächtiger ist als alle Mächtigen, die wir uns vorstellen können.
2. Am besten ist es, wenn wir einen persönlichen Zugang zu Gott haben – das kann uns niemand mehr nehmen.
3. Es lohnt sich immer, darauf zu hoffen, dass Gott uns retten wird. Bis dahin sollten wir unser Bestes tun, um auch unter schwierigen Umständen weise zu leben.

Daniel schaffte es, an seinem Glauben festzuhalten, auch wenn er damit scheinbar einiges aufs Spiel setzte. Das konnte er nur machen, weil er wusste, dass sein Gott Jahweh allen anderen vermeintlichen Mächten überlegen war und ist. Weder Menschen in Machtpositionen noch deren Götter konnten mit Jahweh mithalten. Dabei sieht es in der Erzählung erst mal ganz anders aus.

Zu Beginn des Buches Daniel wird ausdrücklich erwähnt, dass es Gott war, der zugelassen hatte, dass sein Volk in die Hände von anderen Herrschern gefallen war. Unter diesen Umständen würde ich nicht als Erstes mit Gottes Allmacht rechnen! Für uns sieht es eher so aus, als hätte Gott verloren und das auch noch gegen selbstverliebte Könige! Die Judäer haben das sicher ähnlich gesehen – nur Daniel nicht. Ich kann mir vorstellen, dass Daniel die Erzählung von Abraham schon oft gehört hatte und wusste, dass Glauben immer eine Reise bedeutet und Vertrauen braucht. Daniel kannte seinen Gott. In den vielen Träumen und Visionen, die im Buch Daniel noch beschrieben werden, können wir die Gottesbeziehung von ihm live mitverfolgen. Die zweite Hälfte des Buches besteht ausschließlich aus Daniels Visionen. Sie dienen als Perspektivwechsel: Der Fokus liegt nun nicht mehr darauf, was den Menschen in Gefangenschaft alles nicht möglich ist, sondern darauf, was für Gott in Souveränität alles möglich ist.

Mit diesem Blickwinkel ist es für Daniel und auch für uns nun vorstellbar, Gott nicht mehr nur in unserem Altbekannten zu begegnen. Gott ist mächtig. Gott ist überall. Die Visionen dienten Daniel als Bestätigung für sein mutiges Handeln und seinen mutigen Glauben – aber erst hinterher! Sie schließen sich in sechs Kapiteln an die obige Erzählung an und sind für uns etwas verwirrend. Wir können sie nicht eins zu eins auf bestimmte historische oder zukünftige Szenarien übertragen, und es gibt viele Auslegungsversuche. Die Wahrheit wird irgendwo zwischen ihnen liegen. Was wir aber definitiv festhalten können, ist, dass sie eine Bedrängnis beschreiben, die Gott sicher beendet. Jedes Mal, wenn das Buch Daniel gelesen wird, können sich die Lesenden also vergewissern, dass Gott bei ihnen ist, auch wenn es gerade so scheinen mag, dass die Welt im Chaos versinkt und da nichts ist, woran sie glauben könnten. Doch: Gott ist da!

Das möchte ich auch dir zusprechen: Gott ist nicht fern! Hab Mut zu glauben.

Wenn du gerade erlebst, dass du dich verbiegen musst und nicht auf die Weise wunderbar sein kannst, die Gott sich für dich gedacht hat: Gott ist nicht fern! Hab Mut zu glauben.

Wenn dich dein Glauben gerade alles kostet: Gott ist nicht fern! Hab Mut zu glauben.

Wenn es um dich herum so aussieht, als gäbe es nichts mehr zu hoffen: Gott ist nicht fern! Hab Mut zu glauben.

Wenn du verletzt und enttäuscht worden bist durch das, was andere glauben: Gott ist nicht fern! Hab Mut zu glauben.

Wenn du nicht mehr weißt, was du glauben sollst und wer Gott für dich ist: Gott ist nicht fern! Hab Mut zu glauben.

Daniela-Marlin Jakobis Glaubensreise (@danielamarlinjakobi, früher @ewiglichtkind)

Über Instagram habe ich Daniela kennengelernt. Ihr Profil entdeckte ich, als sie auf einem herausfordernden und zugleich heilsamen Abschnitt ihrer Glaubensreise war. Sie inspiriert mich und ihre Followerinnen und Follower dazu, mutig zu glauben und sich für andere einzusetzen. Zweifel und Depressionen gehören zu ihrem ehrlichen Glauben genauso dazu wie Wunder und Aktivismus. Sie kann uns Mut machen, Gott zu suchen und einen Glauben zu entdecken, der trägt. Deshalb habe ich mit ihr gesprochen. Wir hätten uns ewig über Gott und die Welt austauschen können. Für dieses Buch habe ich unser Gespräch aber auf einige Fragen beschränkt. Viel Spaß beim Nachlesen!

Fangen wir mit einer einfachen Frage an: Hast du einen Lieblings-Charakter oder eine Lieblings-Erzählung in der Bibel? Welche und warum?

Da gehe ich, glaube ich, mit Ester. Klar, Jesus könnte ich auch sagen, aber das wäre zu einfach. Die Figur Ester mag ich wegen ihrer Attitüde. Und es ist ja auch ein Buch. Das mag ich, obwohl Gott da gar nicht so direkt drin vorkommt. An der Erzählung finde ich inspirierend, dass Ester für andere Menschen einsteht und auch, wie Mordechai sie ermutigt, das zu tun. Alle übernehmen Verantwortung und bewirken damit Gutes.

Du bist seit einigen Jahren auf Instagram und Youtube unterwegs und teilst dort viel über deinen Glauben. Was hat dich dazu bewegt, damit anzufangen?

Meine allerersten Anfänge liegen schon länger zurück. 2010 habe ich über Lifestyle und Fashion gebloggt, aber auch schon immer meinen Glauben ein bisschen einfließen lassen. Aber erst seit 2016 gibt es ewiglichtkind, wo mein Glaube im Vordergrund steht. Mir bereitet es Freude, meinen Glauben mit anderen zu teilen. Das ist auch immer wieder Motivation für mich dabeizubleiben. Es ist ein bisschen wie eine Berufung, die auch mir dient: Anderen Hoffnung zu machen, macht mir selbst Hoffnung. Mein Glaube durchzieht mein ganzes Leben und gibt mir eine bestimmte Perspektive. Das möchte ich ehrlich auf Social Media zeigen. Mein Glaube kann mir Leichtigkeit geben. Manchmal fühlt es sich aber auch schwer an, zum Beispiel, wenn ich das Gefühl habe, ich müsste immer sinnvollen Content machen und alles sehr ernst nehmen. Overthinking ist manchmal wirklich ein Problem. Ich habe mal ein Zitat gelesen, in dem stand, dass wir Christen doch davon überzeugt sind, die beste Botschaft zu haben, es uns aber selbst oft viel zu schwer machen. Wir versuchen, bloß alles richtig zu machen, und leiden unter dem Druck, das Leben nur für Gott einzusetzen und immer etwas Sinnvolles zu tun. Davon versuche ich mich aber auch immer mehr zu befreien und in meinem Glauben wie auf meinen Social-Media-Kanälen mehr Leichtigkeit und Freude zu finden. Dabei finde ich Gleichgesinnte, mit denen ich mich austausche. Auch das macht mir Hoffnung und bestärkt mich in meiner Berufung, meinen Glauben online zu teilen.

Die Anfänge liegen also schon eine ganze Zeit zurück. Wie ist deine Glaubensreise seitdem verlaufen? Gibt es wichtige Punkte, an denen sich dein Glaube besonders gezeigt oder auch verändert hat?

Meine Geschichte ist ähnlich wie deine. Ich komme auch ursprünglich aus der Landeskirche. Ich bin konfirmiert und als Kind auch in den Kindergottesdienst gegangen. Meine Eltern waren dankbar, dass es Angebote für Kinder gab. Glaube war für mich schon immer Teil meines Lebens. Als ich in meiner Jugendzeit Mobbing und großes Leid erlebt habe, bin ich über eine Facebook-Bekannte in eine Freikirche gekommen. Dort wurde ich aufgenommen und fand Annahme und Zugehörigkeit. Über zehn Jahre lang war diese Kirche mein Lebensmittelpunkt. Ich war mindestens dreimal pro Woche dort, zog in denselben Ort und auch meine sozialen Kontakte waren ebenfalls da. Man kann eigentlich sagen, dass 85 Prozent meines Privatlebens dort stattgefunden haben. Bis zu meiner Dekonstruktion. Das war ein wichtiger Wendepunkt in meiner Glaubensreise. Ich hatte bis dahin nur Kontakt zu Menschen, die ähnlich dachten und glaubten wie ich – fundamentalistisch, um genau zu sein. Wir waren davon überzeugt, dass eigentlich nur wir richtig glauben. Alle anderen haben in der einen oder der anderen Hinsicht etwas falsch gemacht. Dann habe ich aber über eine Dating-Plattform meinen Mann kennengelernt. Er glaubt auch an Gott, aber hat das so anders getan, als ich es aus meiner Frei-kirche kannte. Es war schockierend für mich, festzustellen, dass er so anders glaubt als ich, aber trotzdem so eine Liebe für seine Mitmenschen und Jesus hat. Ich fragte mich: »Wie kann das sein, dass er so ›falsch‹ glaubt, aber trotzdem so viel Liebe hat?« Da habe ich dann angefangen, meinen Glauben unter die Lupe zu nehmen, und habe mich mit vielem nicht mehr wohl gefühlt. Ich konnte und wollte nicht mehr so glauben, wie ich es vorher getan habe und wie es in meiner Gemeinde üblich war. Das haben auch die anderen mitbekommen und mich besorgt bis kritisch gefragt, was denn mit meinem Glauben los sei. Manche wollten mich sogar missionieren und zurückholen. Weil ich mich nicht mehr mit ihrer Art zu glauben identifiziert habe, habe ich sie alle verloren. Alles ist zusammengebrochen, gefühlt mein ganzes Leben – bis auf mei-ne Beziehung zu meinem Mann. Mir wurde mein Glaube einfach abgesprochen, nur weil ich mich weiterentwickelt habe. Ich habe Machtmissbrauch in der Gemeinde erfahren und habe danach eine Depression bekommen. Spätestes da war uns klar: Ich muss da raus. Diese Veränderung war nötig, damit ich wieder gesund werde. Ich habe meinen Job gekündigt und auch meine Wohnung. Ich bin in ein anderes Bundesland gezogen. Das war nicht so ein-fach. Ich hatte richtige Existenzängste – immerhin ist mein kom-plettes soziales Umfeld weggebrochen.

Am neuen Wohnort habe ich dann meinen Glauben in Ruhe reflektiert – nach dem Motto: »Prüft alles und behaltet das Gute.« Das war der Beginn meiner Rekonstruktion. Ich habe meinen Glauben neu aufgebaut. Dabei hat mir der Austausch auf Instagram und meinem Discord-Server sehr geholfen. Ich habe gemerkt, dass ich mit meinen Erfahrungen nicht allein bin. Ich konnte dort auch über meine Zweifel sprechen und Fragen stellen, mir verschiedene Perspektiven anhören und mich frei entscheiden. Ich habe mir auch keinen Druck gemacht, in den Gottesdienst zu gehen, sondern habe den Glauben in meinem Tempo neu entdeckt. Meine innere Überzeugung vom Glauben und davon, dass Gott bei mir ist, ist nie verloren gegangen. Gott hat mich festgehalten, als ich die Gemeinde losgelassen habe, um mich zu retten. Durch die Depression konnte ich sowieso keinen Halt in mir selbst finden. Es war also umso wichtiger, dass Jesus mich hält und durch diese Zeit trägt – und so war es auch. Ich habe Glaube er-lebt und nicht ge-lebt. Gott war da für mich, ohne dass ich etwas tun konnte. Ich habe gemerkt, dass Glaube nicht nur aus Dogmatik besteht, sondern ich Gottes Nähe selbst erfahren kann. Und jetzt bin ich hier.

Wann musstest du schon mal so richtig im Glauben vertrauen, weil du den Weg selbst nicht gekannt hast? Wie war das für dich?

Das aktuellste Ereignis habe ich gerade schon beschrieben. Der Zusammenbruch von meinem Glauben, wie ich ihn früher gelebt habe, und meinem Umfeld war eine schwere Zeit, in der ich nicht genau wusste, wie es weitergeht. Mir war nur klar, dass ich aus der Gemeinde rausmuss. Die Depression hat es nicht gerade einfacher gemacht. Ich wusste nicht, wann und wie es besser wird. Jeder meiner Lebensbereiche bis auf meine Beziehung war ungewiss. Doch ich konnte einen Schritt nach dem anderen in Richtung Heilung gehen beziehungsweise schwimmen. Ich beschreibe diese Zeit gern mit einer Metapher, die zeigt, wie Gott mich durch diese Zeit begleitet hat. Am Anfang hat es sich angefühlt, als würde ich schwimmen oder eher treiben. Irgendwann habe ich dann gemerkt, dass ich nicht mehr nur verloren auf dem Meer rumpaddel, sondern dass immer mehr Inseln auftauchen und Jesus mich sozusagen an Land zieht. Dieser Abschnitt in meinem Leben trägt den Titel »Land gewinnen«. Angekommen auf einer Insel, die je für einen Lebensbereich steht, musste ich mir erst mal Pfade trampeln, denn es waren noch keine da. Irgendwann aber sind aus diesen kleinen Pfaden Wege geworden und mein Leben fiel mir nicht mehr so schwer. Das hat gedauert, aber es geht eben nur so: ein Schritt nach dem anderen. Diese Inseln waren für mich dann sichere Punkte, ich bin nicht mehr herumgetrieben. Von da aus konnte ich meinen Glauben und meine psychische Gesundheit stärken. Das wäre aber nicht möglich gewesen, wenn ich nicht auf dem Vertrauen darauf, dass Gott mich trägt, zu diesen Inseln getrieben wäre.

Was macht dir Mut zu glauben, auch wenn die Umstände schwierig sind?

Am meisten hilft mir, mich daran zu erinnern, dass ich Gott bereits erlebt habe. Mir fällt dazu gerade ein Lied von Hillsong ein, in dem es darum geht, dass man im Rückblick auf sein Leben den Weg erkennt, den Gott mit einem gegangen ist, und deshalb darauf vertrauen kann, dass er den Weg auch in Zukunft weiter mitgeht. Es heißt »Hindsight«. Ich baue meinen Mut, auch in schwierigen Phasen an Gott zu glauben, auf das auf, was ich schon im Glauben erlebt habe. Gott war schon für mich da und wird es auch noch sein. Dass Gott da ist, habe ich nie angezweifelt. Zweifel hatte ich eher in Bezug auf mich selbst. Ich habe mich immer als besonders sündiger Mensch gefühlt und dachte, ich müsste noch mehr Buße tun. Ich war in einem christlichen Leistungsdruck gefangen. Mein Mann konnte mir dann aber zeigen, dass Glaube auch ohne diesen

Druck und Selbstzweifel funktioniert. Er hat mir beigebracht, was Selbstannahme heißt. Er trägt mich in schwierigen Zeiten, verurteilt mich nicht, reicht mir eine Hand, aber zwingt mich nicht, sie zu nehmen. Ich erlebe in meiner Beziehung die Annahme, Liebe und Freiheit, die ich auch im Glauben erleben will. Durch meinen Mann weiß ich jetzt, dass all das möglich ist, und das macht mir Mut.

Wie kann dir dein Glaube selbst Mut geben?
Mein Glaube gibt mir auf ganz unterschiedliche Art Mut. In meiner Depression hat er mir eine Hoffnung für die Zukunft gegeben und es mir ermöglicht, liebevoller mit mir selbst umzugehen, mich nicht zu verurteilen. Das gilt aber auch für andere Menschen. Mein Glaube gibt mir eine Richtung, die mein Leben im Diesseits bestimmt. Ich handele heute, damit wir hier den Himmel auf Erden erleben können. Ewiges Leben verstehe ich mittlerweile nicht nur als zeitlichen Begriff, sondern als Qualitätsbegriff. Wir sollen den Menschen ewiges Leben bringen – das bedeutet für mich, anderen heute schon liebevoll zu begegnen und mich für meinen Nächsten einzusetzen. Deshalb bin ich Feministin und Ally für queere Menschen. Ich glaube, auch das sind Gottes Herzensanliegen. Mein Glaube gibt mir Mut zur Veränderung. Außerdem hängen für mich Mut und Demut ganz eng zusammen. Es braucht viel Mut, Fehler einzugestehen und Neuanfänge zu wagen.

Wie hast du den Mut aufgebracht, Dinge in deinem Glauben zu hinterfragen und Gott neu zu entdecken?
Die Frage ist gar nicht so leicht zu beantworten. Rückblickend denke ich auch manchmal: »Wie ist das passiert?« Denn eigentlich passte es gar nicht zu der Person, die ich früher war. Für mich ist es ein Wunder, dass ich aus diesem toxischen Umfeld und den engen, fundamentalistischen Glaubenssätzen rausgekommen bin. Es hat

mir sehr geschadet und ich weiß nicht, wie ich da rausgekommen wäre, wenn Gott nicht eingegriffen hätte. Ich glaube wirklich, dass Gott mich da rausgezogen hat. Unter anderem auch durch meinen Mann, der mich auf dem Weg begleitet hat. So wie ich damals drauf war, hätte ich diese Veränderung allein nicht durchgezogen. Gott hat mir den Mut gegeben, ihn neu kennenzulernen und weiterzumachen.

Was würdest du gern Menschen mitgeben, denen gerade der Mut zum Glauben fehlt?

Das ist eine schwere Frage, aber ganz spontan? Ich würde sagen: Du darfst es akzeptieren. Nimm es hin. Du darfst wissen, dass Jesus dich trotzdem liebt. Er ist der Letzte, der dich verurteilt. Also verurteile dich selbst nicht und setz dich nicht unter Druck. Verabschiede dich von den Gedanken: »Ich muss doch beten/in den Gottesdienst/und so weiter.« Jesus ist bei dir.

Reflexionsübung: Was macht dir Mut zu glauben?

Du kennst nun einen Teil meiner Glaubensreise, den langen Weg von Abraham, die Abenteuer Daniels und auch Danielas Hoffnungen. Was macht dir Mut zu glauben? Geht es dir wie mir und du liebst es, immer wieder neue Fragen und Antwortversuche zu entdecken? Hast du Gott schon einmal so deutlich zu dir sprechen gehört wie Abraham, dass du wusstest: Es gibt noch mehr? Hat dich dein Glaube wie Daniel bereits durch Herausforderungen getragen, die du allein nicht hättest bewältigen können? Blüht dein Glaube auf, wenn du anderen Menschen damit Hoffnung geben kannst, wie Daniela es online tut? Wie sieht es bei dir aus?

Ich weiß, dass das keine leicht zu beantwortende Frage ist! Deshalb habe ich dir hier verschiedene Antwortmöglichkeiten und Begriffe zusammengestellt. Zum Einkreisen, Markieren, Durchstreichen, Reflektieren, Weiterdenken, Wiederfinden und Abgrenzen.

Was bedeutet Glaube für dich?	Was macht dir Mut zu glauben?
Beten – zu einer Kirche/ Gemeinde gehören – mich Gott nahe fühlen – in der Bibel lesen – Hoffnung für mein Leben – Regeln – viele Fragen – ein Gefühl – Orientierung – Halt – Sinn – Freundschaften – Zukunft – Vergangenheit – anderen helfen – Verurteilung – Angst – Zweifel – Streit – Geschichte – Rettung – Auftanken – ewiges Leben – Wiedersehen geliebter Menschen	Meine bisherigen Erfahrungen – Zeugnisse von anderen – das, was in der Bibel steht – meine Hoffnung – Gebet – dass andere für mich beten – mein Glaube war schon immer da – dass ich damit die Welt ein Stück besser machen kann – zu sehen, wie der Glaube mein Leben besser macht – meine Mitmenschen

Kapitel 3:

ÜBE(R) DEN MUT
ZU ZWEIFELN

Keine Angst, das hier wird nicht einfach das komplette Gegenteil zum vorherigen Kapitel. Ich schreibe nicht einfach: Vergiss alles, was du eben gelesen hast, es gibt ja doch nichts, an das wir wirklich glauben können. Lass es mich stattdessen lieber so formulieren: Vergiss alles, was du bisher über Zweifel gehört und gedacht hast, und lass dich auf eine neue, heilsame Sichtweise auf dieses Phänomen ein.

Wenn du bereits die nächste Überschrift gelesen hast, kannst du erahnen, wie ich Zweifel sehe: als das Normalste auf der Welt. Wenn wir Glaube als ein Nichtwissen und als eine Entdeckungsreise verstehen, dann gehören Zweifel dazu. In meiner eigenen frühen christlichen Prägung in einer Freikirche wurde mir aber vermittelt, dass Zweifel schlecht und der Anfang vom Ende seien. Dass das falsch ist, habe ich mittlerweile selbst herausgefunden. Umso glücklicher war ich dann, als ich gesehen habe, dass sich vor allem auf Instagram und TikTok immer mehr Menschen mit dem Thema auseinandersetzen. Vielleicht bist du selbst schon mal auf Beiträge über (Glaubens-)Dekonstruktion gestoßen. 2022 und 2023 war es ein richtiges Buzzword, zu dem es geteilte Meinungen gab. Auf der einen Seite standen diejenigen, die ihren Glauben neu entdeckten und sich von vielem Alten lösten (siehst du die Parallele zu Abraham?). Dazu zählt auch Daniela, von deren Glaubensreise wir eben erfahren haben. Ihnen gegenüber schalteten sich wenig später dann reichweitenstarke Content-Creator ein, die diese Prozesse mit Sorge beobachteten und ihre Followerinnen und Follower vor dem Hinterfragen des Glaubens und allem, was sie bisher darüber gelernt hatten, warnten. Jetzt, wo du mich schon zwei Kapitel lang kennst, kannst du dir sicher vorstellen, zu welcher Seite ich tendiere.

Ganz egal, wo du stehst: Ich möchte dich einladen, Zweifel zu akzeptieren. Vermutlich hattest du selbst auch schon einmal welche. Bestimmt gab es da diesen einen Punkt, an dem du kurz stoppen musstest und dachtest: »Moment, das kann aber irgendwie nicht stimmen.« Oder es war eher ein schleichender Prozess: Am Anfang meldeten sich ganz leise kleine Fragezeichen – du hattest aber noch genug laute Ausrufezeichen, um sie einfach platt zu walzen. Für den Moment war wieder Ruhe eingekehrt. Doch die hielt nicht lange. Irgendwann hast du möglicherweise festgestellt, dass dein Glauben und die Welt, wie sie sich dir zeigt, gar nicht so richtig zusammenpassen. Und mit den lauter werdenden Zweifeln und Fragezeichen kam bald die Angst, etwas, das du so lange perfekt beherrscht hattest, falsch zu machen oder etwas zu verlieren, das dir immer so wichtig gewesen war. Diese Angst möchte ich versuchen, dir zu nehmen. Keine Sorge, ich zwinge dir weder mehr Glauben noch mehr Zweifel auf. Ich nehme dich an die Hand auf dem Weg, ganz ehrlich zu dir und Gott zu werden. Du darfst so sein und glauben, wie Gott und du es vereinbaren.

Das Normalste auf der Welt

Ich habe dich schon mit auf meine Glaubensreise genommen, du kennst jetzt einige Stationen. Mein Glaube hat sich von Station zu Station verändert – immer ein bisschen mehr –, und das ist auch gut so. Er kann mit mir mithalten. Niemand würde bestreiten, dass wir Menschen uns in unserer Persönlichkeit, im Denken und Fühlen, im Wissen und in unseren sozialen Fähigkeiten ständig weiterentwickeln und dazulernen – warum sollte das im Glauben nicht ebenso geschehen? In einer gesunden Religiosität, das heißt im persönlichen Glauben, ist das auch der Fall. Es gibt aber auch die Möglichkeit, dass sich der Glaube seit der Kindheit nicht mehr verändert hat. Es gibt kein Richtig und Falsch, nur ist bei Extremen – wie immer – Vorsicht geboten.

Die Religionspsychologie erforscht seit langer Zeit die verschiedenen Entwicklungsstufen, die ein individueller Glaube durchläuft, und stützt sich dabei auf Modelle, die ich in meinem Reli-Lehramtsstudium kennengelernt habe. Sie sind als vereinfachte Abbildungen der Wirklichkeit zu verstehen und nicht einfach so auf jede Person zu übertragen. Trotzdem bieten sie eine gute Orientierung, weil sie die Ansichten und Bedürfnisse der Menschen in religiöser Hinsicht gut zusammenfassen. Ich möchte sie dir hier kurz vorstellen und dir damit hoffentlich zeigen, dass es viele Möglichkeiten gibt zu glauben. Es ist nur natürlich, wenn du manche Teile deines Glaubens zu hinterfragen beginnst. Genau das kann dich zu einem tieferen und sicheren Verständnis von dir selbst und Gott führen. Vertraue deinen Zweifeln, sie zeigen dir, wonach du dich in deinem Glauben sehnst! Oder wie @pfarrerausplastik am 5. August 2022 auf Instagram formuliert hat: »Sie [die Zweifel] halten uns nicht vom Glauben ab. Ganz im Gegenteil, sie lenken ihn so, dass wir seine ganze Tragfähigkeit erst wieder richtig erkennen können.«[20]

Zwei Modelle haben sich seit den 1960er-Jahren durchgesetzt: das Stufenmodell des religiösen Urteils von den Forschern Fritz Oser und Paul Gmünder und das Stufenmodell des Glaubens von James W. Fowler.[21] Beide stellen sechs Stufen dar, die sich gut ergänzen, weshalb ich sie im Folgenden auch gemeinsam erklären werde.

Wir starten bei Stufe null, der vorreligiösen Stufe oder dem ersten Glauben. Diese Stufe ist ganz einfach: Als Säugling hast du ein Grundvertrauen, dass alles gut ist und werden wird. Du weißt: Du bist geliebt und es wird sich um dich gekümmert. Dieses Urvertrauen empfindest du gegenüber deinen Eltern und auch gegenüber Gott. Dann wirst du älter und ab deinem zweiten Lebensjahr beginnst du, deine Ängste und Hoffnungen in dein Gottesbild zu projizieren. Gott denkt und fühlt, wie du es tust. Außerdem kannst du das Bild, das du von Gott hast, und das, was du von deinen Eltern hast, noch nicht trennen. Das zählt Fowler zur ersten Stufe, die er intuitiv-projektiver Glaube nennt.

Etwas später, nämlich mit dem Vorschulalter, setzen Oser und Gmünder die erste Stufe ihres Modells an: In diesem Alter siehst du Gott als mächtige Autorität an, die in die Welt eingreift und Menschen entweder belohnt oder bestraft – je nachdem, wie sie sich verhalten. Damit zusammen hängt auch dein Glaube, den Fowler auf der zweiten Stufe als mythisch-wörtlichen Glauben beschreibt. Alles, was du über Gott hörst, nimmst du wörtlich. Du glaubst, dass alles, so wie es in der Bibel steht, wirklich passiert ist. Bis du in die Pubertät kommst, ist Gott für dich durch Gebete und richtiges Handeln beeinflussbar. Nach dem Motto: »Ich muss nur oft genug dafür beten, dann muss ich morgen auch nicht die doofe Mathe-Klassenarbeit schreiben. Gott denkt sich dann schon irgendeinen Grund dafür aus.« Oser und Gmünder nennen dieses Verständnis von Gott die Sicht der Beeinflussbarkeit Gottes.

Die dritte Stufe bezieht sich in beiden Modellen auf das Jugend-
alter bis hin zum frühen Erwachsenenalter. Dein Glaube setzt sich
in dieser Zeit zusammen aus verschiedenen Vorbildern, von denen
du einzelne Aspekte übernimmst. Manches davon kann sich sogar
widersprechen und muss nicht unbedingt mit den anderen Inhal-
ten verbunden sein. Fowler nennt das synthetisch-konventionellen
Glauben. In deiner Jugendzeit wirst du selbstständiger und unab-
hängiger. Das kann sich auch auf deine Vorstellung von Gott übertragen. Du trennst das Menschliche vom Göttlichen und wirst freier
in deinen Handlungen und Meinungen. So erlangst du Autonomie.
Es ist quasi das Gleiche, was du auch in Bezug auf deine Eltern in
dieser Zeit erlebst: Du löst dich von ihnen. Dabei kommt es oft vor,
dass du eigene Wege gehen willst und nicht alles einfach so fort-
führen möchtest, nur »weil wir es immer schon so gemacht haben«.
Du reflektierst, wer du bist, woher du kommst, welche Traditionen
nicht zu dir passen, und achtest sehr darauf, was andere in deinem
Alter machen. Dein Glaube wird individuierend-reflektierend. Damit befindest du dich auf der vierten Stufe von Fowler. Bei Oser
und Gmünder wird die vierte Stufe erst mit dem Erwachsenenalter
erreicht. Gott spielt dann wieder eine grundlegende Rolle, indem
er die Möglichkeiten für alle menschlichen Handlungen schafft.
Wir Menschen können unser Leben frei gestalten, weil Gott den
Rahmen dafür geschaffen hat.

Nicht nur Gott rückt wieder mehr in den Fokus, sondern auch
die gemeinsame Auslebung des Glaubens mit anderen. Vor allem
wenn das Leben im Erwachsenenalter schwierig wird durch Geld-
sorgen, Krankheiten, unerfüllten Kinderwunsch, verfehlte Karri-
ereziele oder andere Erwachsenen-Probleme, suchen viele Menschen Halt und Mut in Gemeinschaft mit anderen Gläubigen. Das ist
nach Fowler die fünfte Stufe und nennt sich verbindender Glaube.
(Ich finde, das klingt am schönsten von allen Bezeichnungen!) Im

Glauben wird entdeckt, dass Gott die Voraussetzung und auch der Sinnstifter des menschlichen Lebens ist. Es geht darum, eine eigene kommunikative Beziehung zu Gott zu haben, ohne mit Gebeten etwas erzwingen zu wollen, ohne Angst vor möglichen Strafen zu haben, ohne andere auszugrenzen. Allen Menschen wird genau die Freiheit zugestanden, die man auch selbst im Glauben erlebt. Der Glaube und das Gottesbild sind geprägt von der Sicht einer kommunikativ-religiösen Praxis.

Diese beiden fünften Stufen werden auf der letzten Stufe noch einmal gesteigert, sind aber so nicht mehr zu erreichen. Als universalisierender Glaube bezeichnet werden dann die höchsten, friedvollsten und inklusivsten Formen des Glaubens. Fowler zählt Menschen auf, die diesen Glauben für ihn beispielhaft verkörpern: Mahatma Gandhi, Martin Luther King, Mutter Teresa, Dietrich Bonhoeffer und einige andere.

Jetzt könntest du vielleicht denken, dass in diesen Stufen doch ein Richtig und Falsch oder zumindest ein Besser und Schlechter drinsteckt. Diesen Gedanken verstehe ich – besonders die sechste Stufe verleitet uns dazu, zu denken, dass wir mit unserer Art von Glauben noch nicht gut genug sind. Genau aus diesem Grund verzichte ich in diesem Buch auch darauf, dir von solch bedeutenden Persönlichkeiten zu erzählen. Es geht nicht darum, sich zu vergleichen! Die Stufen bilden keine Treppe, die zum Himmel führt! Alle Stufen sind Glauben! Ganz unabhängig davon, wo du dich oder andere einordnen würdest, sind wir alle Gottes geliebte Kinder und ihm gleich nah. Erinnere dich an das vorherige Kapitel und die Erzählung von Daniel: Gott ist nicht fern, habe Mut auf deine Art zu glauben! Und die darf sich verändern!

Von der inspirierenden Autorin und Speakerin Veronika Smoor habe ich in einer Podcastfolge eine treffende Metapher gelernt.

Sie vergleicht den Glauben mit einem Zimmer, in dem sich über die Jahre hinweg einiges angesammelt hat. Das passiert, wenn wir nicht regelmäßig ausmisten. Irgendwann ist es so vollgestellt und zugemüllt, dass wir darin gar nicht mehr leben können, und verliert so seinen Zweck – aus einem gemütlichen Lebensraum wird eine Abstellkammer, deren Tür wir lieber nicht mehr öffnen.[22] Glaube muss dem Leben dienen, sonst »über-leben« wir ihn. Glaube muss im alltäglichen Leben stattfinden, sonst ist er tot. Es gibt Menschen, die jetzt dazu raten würden, den Alltag um den Glauben herum zu gestalten. Das habe ich einige Jahre versucht und fand mich immer wieder unglücklich und zwischen den Stühlen wieder. Deshalb lasse ich jetzt meinen Glauben in meinen Alltag einfließen, ganz natürlich. Da Ordnung bekanntlich das halbe Leben ist, räumen wir jetzt gemeinsam auf.

Denk mal an dein Kinderzimmer. Wie sieht es in deiner frühesten Erinnerung oder auf alten Fotos aus? Wahrscheinlich steht irgendwo ein kleines Bettchen mit Kuscheltieren darin rum, es gibt eine Wickelkommode und einen putzigen Kleiderschrank. Ich erinnere mich bei meinem Zimmer an einen grünen Teppichboden, auf dem wiederum ein kleiner hellgelber Teppich lag, und an mein Gitterbettchen, aus dem ich regelmäßig Ausbruchversuche unternahm. Und damit wären wir auch schon beim Thema. Irgendwann engen uns Möbel ein oder passen einfach nicht mehr zu unseren Bedürfnissen. Matratze, Lattenrost und Bettgestell müssen größer werden, spätestens ab der weiterführenden Schule brauchst du einen eigenen Schreibtisch. Aus Spielecken werden nach und nach Sitzgelegenheiten für Freundinnen und Freunde zum Chillen oder Zocken. Dein Einrichtungsgeschmack verändert sich vielleicht, du hebst viele Dinge auf, benutzt aber nur wenige. Und so weiter. Ich glaube, du bist jetzt ganz gut in der Metapher drin.

Glaubensentwicklung (angelehnt an Boschki 2017, 65)

Stufe	Ungefähres Alter	Bezeichnung nach Oser & Gmünder	Bezeichnung nach Fowler
0	0 bis max. 4 Jahre	»Vorreligiöse Stufe«	»Erster Glaube«
1	2 bis max. 6 Jahre	Sicht einseitiger Macht und Autorität Gottes	Intuitiv-projektiver Glaube
2	5 bis max. 10 Jahre	Sicht der Beeinflussbarkeit Gottes	Mythisch-wörtliche Glaube
3	10 bis max. 20 Jahre	Autonomie der Person durch Abtrennung Gottes vom genuin humanen Bereich	Synthetisch-konventioneller Glaube
4	Ab 20 Jahren	Autonomie der Person durch Annahme apriorischer Voraussetzungen	Individuierend-reflektierter Glaube
5	Ab 20 Jahren	Sicht einer kommunikativ-religiösen Praxis	Verbindender Glaube
6	Idealvorstellung	Postulat: Grundsätzliche Annahme des Menschen durch Gott ist Voraussetzung allen menschlichen Handelns	Universalisierender Glaube

Du hast ein eher unbewusstes Grundvertrauen, dass Gott da ist und es gut mit dir meint – genau so, wie du es in deine Eltern hast, von denen du als kleines Kind komplett abhängig bist.

Dein Gottesbild ist stark von deinem Gewissen und deiner Beziehung zu deinen Eltern geprägt. Gott siehst du als bestrafenden oder belohnenden Gott, der direkt in die Welt eingreift.

Du nimmst alles, was in der Bibel steht, wörtlich und glaubst, dass dein Verhalten (Gebete, Riten, ...) Gott beeinflussen.

Dein Glaube sieht aus wie ein großes Puzzle – bei dem nicht alle Teile zusammenpassen. Du hast viele deiner Glaubensinhalte von anderen übernommen und hinterfragst sie noch nicht. Sie stehen nebeneinander und können sich sogar widersprechen. Aber das stört dich nicht. Gott rückt aber etwas weiter in die Ferne. Du erkennst, dass Gott nicht (immer) direkt in die Welt eingreift.

Gott ist für dich die Voraussetzung des Lebens – ein bisschen so wie die Luft, die uns umgibt und die wir trotzdem nicht sehen können. Was dir viel klarer vor Augen ist, das sind die Glaubensinhalte, die du von anderen übernommen hast. Du reflektierst und vergleichst sie mit deinen Werten – und vielleicht sortierst du nicht passende Puzzlestücke aus.

Das Leben wird komplizierter und du suchst Halt und Sinn in deinem Glauben. Gott ist für dich der Inbegriff von Sinn. Trotzdem siehst du dich als unabhängiges Wesen – Gott ist da, aber du entscheidest über dein Leben.

Diese Art von Glaube sehen wir, wenn wir auf das Leben von z. B. Mutter Teresa oder Dietrich Bonhoeffer zurückblicken. Sie können uns als Vorbilder dienen.

Die vier Wände deines Zimmers stehen sinnbildlich für deinen Glauben. Sie sind da, egal, wie oft du die Einrichtungsgegenstände austauschst. Alles, was sich innerhalb dieser vier Wände befindet, steht für die Inhalte, die dein Glaube hat. Dazu gehören Lehrmeinungen und Ansichten, die du in einer Kirche aufgeschnappt hast, dein Gottesbild, die Regeln, an die du dich versuchst zu halten. Einfach alles, was du im Laufe der Zeit über Glauben gehört und gelesen und mit Gott erlebt hast. Diese Dinge haben alle ihren eigenen Wert und haben zu gewissen Zeitpunkten dein Leben sehr positiv geprägt. Es kann aber trotzdem gut sein, dass du dich nun weiterentwickelt hast (was ich sehr hoffe, da es nur natürlich und von Gott so in uns angelegt ist) und vieles nicht mehr zu dir passt. Du bemerkst, dass du dich unwohl fühlst und dich gar nicht mehr frei in deinem geliebten Zimmer bewegen kannst. Über manche Sachen stolperst du, weil sie am Boden herumliegen, und andere sind so verstaubt, dass du sie am liebsten nie wieder anfassen möchtest. Manches konntest du noch nie leiden, aber es war mal ein Geschenk … einfach wegschmeißen fühlt sich falsch an. Es wird immer voller und voller in deinem Zimmer und du gehst immer seltener hinein. Wie schade! Aber ich kann das gut nachvollziehen und möchte dich nicht länger mit deiner Unordnung alleinlassen! Hier sind ein paar Tipps, wie Veronika Smoor die Entrümpelung so eines Glaubenszimmers angehen würde:

1. Schaffe alles nach draußen. Große Möbel, Kleinkram, Staub und Schmutz, einfach alles!
2. Lass erst mal ganz viel Licht und Luft in den Raum. Atme die frische Luft ein, genieße den Neuanfang.
3. Schau dir deinen ganzen Kram an und überlege gut, was zurück in dein Zimmer soll. Entsorge respektvoll, was du

nicht mehr brauchst, und überlege, ob ein paar neue Stücke deinem Zimmer guttun würden.

4. In die Mitte des Raumes stellst du am besten ein gemütliches Sofa, auf dem du und auch Jesus Platz finden. Verbringe Zeit mit ihm in deinem neu eingerichteten Zimmer. Er wird deinen Stil sicher lieben!

5. Wiederhole diesen Prozess immer dann, wenn du glaubst, dass es nötig und dein Zimmer zu ungemütlich geworden ist. Gestehe den Dingen ihre Abnutzung zu. Scheue dich nicht davor, immer wieder das rauszuwerfen, was andere ungefragt bei dir abgestellt haben.

6. Das Wichtigste: Betrachte die Dinge als das, was sie sind: menschliche Meinungen über Gott und nicht Gott selbst – so wird dir der Abschied weniger schwerfallen.[23]

Und, wie sieht es in deinem Glaubenszimmer aus? Richtig aufgeräumt hat auch Sarah Marie und daraus ist dieser Text entstanden:

Willkommen hier im Glaubenszimmer
Hier steht so vieles schon so lang
und je öfter ich hineinblick, fühlt sich was nicht richtig an.
Der Staub liegt beinahe meterhoch,
ein Schrank verbaut das Fenster
und statt ein Raum des Lichts zu sein, wirkt alles hier so finster.
Heute wage ich den Schritt hinein,
betrachte aus der Nähe, was ich so angesammelt hab
an Meinung, Prägung, Lehre.
Bist du noch hier? Ich weiß es nicht.
Menschgemacht ist, was ich sehe,
mein Glaube ist ein Möbelstück
doch fehlt es ihm an Seele.

Gehört das alles wirklich so? Darf ich das hinterfragen?
summt mein Kopf im Stillen, während ich beginne, zu packen.
Die Lehrmeinungs-Regale räum ich noch behutsam ab, doch
je mehr Kisten ich trage, gebe ich meinem Herzschlag nach.
Werfe das Phrasenbett mit Wucht,
es landet draußen auf dem Teer.
Ich bin verblüfft, wie leicht es ist. Es ist wahrhaft bedeu-
tungsleer.
Der Schrank, der vor dem Fenster stand,
macht endlich Platz für Licht
und wenn dann alles draußen ist,
bleibt nur die Couch und ich – und vielleicht du?
Vielleicht ganz neu.
Um mich herum unendlich Platz für all die vielen Fragen,
die ich heute an dich hab.
Die Füße auf den Werte-Tisch,
die Sonne im Gesicht sitze ich nun hier versuche neu zu
greifen,
wer du bist. Ich weiß, du bist,
ich weiß nur nicht wie.
Doch eines weiß ich sicher,
ich find dich nicht im Staub oder den Boxen dieses Zimmers.
Meine Fragen liegen offen.
Ich lad dich ein, mir zu erklären,
was es denn heute wirklich heißt, mit dir, mein Gott, zu
leben.
Meine Fragen liegen offen
und ich weiß, du hältst ihnen stand.
Ich will verstehen, wer du wirklich bist
– mit Herz und Seele und Verstand.
Sarah Marie[24]

Gute Vorbilder

Wir vergleichen uns oft mit den Jüngern Jesu, wenn es um den Glauben geht. Warum auch nicht? In gewisser Weise sind wir selbst Jüngerinnen und Jünger. Aber auch dieser Vergleich geht bei dieser Frage selten gut für uns aus. »Würdest du auch alles stehen und liegen lassen, deine Familie zurücklassen und Jesus auf der Stelle folgen, wenn er dich jetzt fragen würde?« – »Ähh … vielleicht …?«

Lassen wir das lieber schnell, denn dieses Buch soll dir Mut und kein schlechtes Gewissen machen! Deshalb möchte ich dir jetzt ein wahrscheinlich neues, aber nicht weniger biblisch begründetes Bild von den Jüngern vorstellen. Vielleicht ist bei deiner Entrümpelung ja schon dein altes Bild von ihnen rausgeflogen und du brauchst Ersatz? Dies hier ist sehr heilsam, wie ich finde.

Ich komme direkt zum Punkt: Die zwölf Jünger haben einen schlechten Job gemacht. Sogar so schlecht, dass die Frauen, die in den Evangelien oftmals noch nicht einmal mit Namen genannt werden, eher als Jüngerinnen durchgehen. Simon Petrus, Andreas, Jakobus, Johannes und Co. haben keine Ahnung vom Dienen, wetteifern untereinander, wer der Größte sei, verraten Jesus, schlafen tief und fest, während er ihren Beistand gebraucht hätte, und fliehen, bevor es am Kreuz ernst wird.[25] Das sind mal gute Vorbilder! Auch was Zweifel angeht, können wir von den Jüngern lernen, denn das tun sie ständig! Wusstest du das?

Lass uns doch mal gemeinsam ins Markusevangelium schauen. Dieses Buch der Bibel kann uns eine Antwort auf die große Frage geben, warum wir uns von Gott oftmals verlassen fühlen. Denn dies ist eine Frage, die nicht nur wir uns stellen, sondern die schon die Jünger Jesu beschäftigt hat.[26]

Beginnen wir mit der bekannten Erzählung von Jesus, der im Morgengrauen auf dem See Genezareth ging, als wäre dieser eine

Blumenwiese und keine Naturkatastrophe. Die Jünger wurden stattdessen beim Rudern vom Gegenwind regelrecht gefoltert und kamen die ganze Nacht kein Stück Richtung Ufer voran. Sie müssen riesige Angst vor dem Ertrinken gehabt haben, waren sicher entmutigt. Frühmorgens ging Jesus ihnen dann entgegen und die Jünger glaubten, er wäre ein Gespenst. Sie hatten ja bereits einiges mit ihm erlebt, aber das hatten sie Jesus nicht zugetraut (vgl. Markus 6,45-51)!

Springen wir im Markusevangelium ein Stückchen weiter, ziemlich weit ans Ende. Ab Kapitel 13 spricht Jesus über die letzte Zeit, also über den von den Jüngern und uns heute immer noch so gefürchteten Weltuntergang. Mit seinen Worten bereitete er seine Jünger darauf vor, dass sie sich angesichts verschiedener Bedrohungen, die noch weitaus schlimmere Ausmaße annehmen würden als der Gegenwind auf dem See, von Gott verlassen fühlen würden. Jesus zählte die unterschiedlichsten Horrorszenarien auf und sagte dann: »Aber lasst euch dadurch nicht erschrecken!« (Markus 13,7b). Es scheint ganz so, als ahnte er zu diesem Zeitpunkt bereits, dass die Jünger in Glaubenskrisen geraten würden, wenn er nicht mehr körperlich bei ihnen sein würde. Denn ohne ihn würden sie sich allein mit dieser Welt auseinandersetzen müssen. Jesus plante also schon mit ein, dass unter solch schwierigen Lebensumständen Zweifel entstehen können und Gott sich fern und ohnmächtig anfühlen kann.

In mehreren Gleichnissen im Markusevangelium werden sowohl Gott als auch Jesus als fern dargestellt: Der Bräutigam wird nach dem Fest weggenommen (vgl. Markus 2,20), ein Hausherr verlässt sein Haus (vgl. Markus 13,34) und Jesus selbst wird nicht immer da sein (vgl. Markus 14,7.25). Damit knüpft Jesus direkt bei den Erfahrungen und dem echten un(ge)schön(t)en Leben an, in dem auch wir uns mit unseren eigenen Erfahrungen wiederfinden können. Jesus nimmt die Zweifel der Jünger wahr und bestätigt sie, anstatt sie einfach abzutun, zu verbieten oder zu übermalen. Darin können sich die Menschen zu allen Zeiten wiederfinden.

Die Geschichte, in der Jesus im Sturm über den tobenden See Genezareth geht, wird oft in Predigten zitiert und dann so ausgelegt, dass der Fokus auf Jesus und der Aufforderung liegt, mehr zu vertrauen und zu glauben. Alle Ängste und Zweifel, alles Zittern, Schreien und Ums-Überleben-Kämpfen werden häufig wenig beachtet. Alle diese »negativen« Gefühle und ihre Äußerungen haben aber eine Berechtigung! Im Markusevangelium ist es sogar Jesus selbst, der diesen Gefühlen ihre Berechtigung gibt, indem er diese Gefühle kommen sah und seine Jünger daran erinnerte, nicht zu erschrecken. Er wusste: Sie waren Menschen und als solche würden sie dazu neigen, ihren menschlichen Wahrnehmungen zu glauben.

Das ist sogar so menschlich, dass Jesus selbst eine Krise in seinem Gottvertrauen erlebt: Sie beginnt im Garten Gethsemane, als er sicher wusste, dass er gekreuzigt werden würde, und findet ihren Höhepunkt am Kreuz in Jesu verzweifeltem Schrei: »Mein Gott, mein Gott, warum hast du mich verlassen?« (Markus 15,34b). Mit diesen Worten endete der Text in vielen frühen Abschriften des Evangeliums. Es gibt keine Antwort auf diese Frage. Warum verlässt Gott Jesus? Warum verlässt Gott sich selbst? Warum verlässt Gott Menschen im Leid? Keine Antwort. Warum schaffen wir es manchmal nicht zu glauben? Warum zweifeln wir? Warum haben wir oft nicht den Mut, an einen guten Gott zu glauben? Keine Antwort.

Wir müssen uns eingestehen, dass das alles mit zum Glauben dazugehört: Zweifel und alles andere, was wir in unseren schönen Kirchen und Gemeindehäusern oft gern ausblenden. Markus zeigt uns, dass es keine einfache Antwort auf unser kompliziertes Leben gibt. Trotzdem lässt er uns nicht damit allein. Mit deinen Zweifeln bist du in diesem Evangelium genau richtig! Wenn du es mit dieser Brille liest, wirst du feststellen, dass Gott und auch Jesus ständig als verborgen dargestellt werden. Damit können wir gut mitgehen oder schwebt dir Gott ständig vor Augen? Bei mir ist es so, dass es bisher nur sehr begrenzte Momente gab, in denen ich mich Gott wirklich nahe gefühlt habe. Oft habe ich mich viel eher all den Vorstellungen von Gott – meinen und auch fremden – nahe gefühlt, bis sie dann am echten Leben zerschellten. Gott ist so viel mehr, als wir begreifen können, und damit logischerweise immer auch fern von uns. Lass das mal sacken! Ja klar, Jesus hat die Verbindung wiederhergestellt, aber das meine ich hier gar nicht.

Alle gläubigen Menschen werden die Erfahrung machen und gemacht haben, dass Gott nicht da ist. Wenn wir also bei Markus lesen, dass die Jünger und sogar Jesus dasselbe erlebten, dann entspannt mich das total. Es öffnet einen Raum für Fragen, Zweifel, Klage oder einfach nur Sprachlosigkeit. Ich weiß, das ist nicht so sexy wie Worship, der Jesus als Retter lobt und uns in Dauerschleife in Trance befördert. Doch diese Seite gehört zum Glauben dazu, so wie es zu Gott gehört, dass wir ihn nie greifen können. Das Markusevangelium und unser Leben rütteln an unserem Gottesbild, bis es wieder ausbalanciert ist. So kommen uns Zweifel auch gar nicht mehr so bedrohlich vor, plötzlich sind sie okay. Das lässt mich aufatmen! Auch anzuerkennen, dass wir gar nicht alle Antworten haben können, ermutigt mich, Zweifel zuzulassen. Ich bin Gott sehr dankbar, dass Markus das alles so aufgeschrieben hat.

Noch dankbarer bin ich aber dafür, dass Markus nicht bei diesem Gottesbild stehen bleibt! Denn genauso wahrhaftig, wie Gott fern scheint, wird er uns auch als anwesend beschrieben. Beides zusammen zu denken ist eine große Herausforderung. Aber es tut gut, sich das vor Augen zu führen, wenn die Zweifel überhandzunehmen drohen. In keinem Fall können wir perfekt glauben, dafür ist die Herausforderung einfach zu groß! Und auch das entspannt mich wieder. Sei bitte gnädig mit dir selbst in deinem Glauben und deinen Zweifeln! Du kannst und musst nicht alle Antworten haben, Hauptsache, du hast Fragen. Bleibe auf der Suche nach dem Verborgenen und du wirst näher zu Gott finden.

»Wenn die Wahrheit des Glaubens etwas Verborgenes, ja ein Geheimnis ist, dann muss das Offensichtliche hinterfragt und die Wahrnehmung problematisiert werden«, schreibt Wolfgang Fritzen, ein katholischer Theologe.[27]

Das ist eine Einladung dazu, an unseren vermeintlichen Wahrheiten zu zweifeln und nach dem Mehr zu suchen. Mach dich wie Abraham auf die Reise, auch wenn du den Weg noch nicht kennst. Höre in deinen Zweifeln das leise Flüstern des Heiligen Geistes, der deine Wahrnehmung von Gott lebensfähiger und echter machen will. Du darfst diese Einladung annehmen. Du darfst den Mut haben zu zweifeln. Du darfst im Sturm Angst haben, und es ist nur natürlich, wenn du dabei Jesus kurz aus dem Blick verlierst. Glauben und Zweifel gehören zusammen, das sehen wir schon bei den Jüngern. Wir könnten also das berühmte Wort von Descartes etwas umformulieren: »Ich zweifle, also glaube ich.«[28] Oder wie der verzweifelte Vater eines kranken Sohnes rief, nachdem er Jesus um Heilung gebeten hatte und dieser ihm sagte: »Alles ist möglich, wenn du mir vertraust« (Markus 9,23b): »Ich vertraue dir ja – hilf mir doch, meinen Unglauben zu überwinden!« (Markus 9,24b).

Wie kann Gott das zulassen?

Zweifel und Glauben gehören zusammen – vor allem dann, wenn das Leben sehr stürmisch ist. Auch in der Bibel lesen wir von Menschen, die so viel Leid erlebt haben, dass sie zu Recht fragen konnten: »Gott, wieso?« Ich denke da zum Beispiel an Hiob. Wir können gar nicht genau bestimmen, wo und wann seine Erzählung stattgefunden haben soll. Umso vertrauter ist uns aber das Thema, denn das wird niemals alt: Leid und was Gott damit zu tun hat. Wenn du das Buch Hiob schon kennst, wirst du wissen, wie umfangreich es ist und vielleicht auch, dass eine Antwort gar nicht so eindeutig gefunden werden kann. Auch ich möchte hier nur kurz die Erzählung wiedergeben und ein paar wenige gute Learnings daraus mit dir teilen. Let's go!

Hiob war ein sehr frommer Mann, der die richtige Einstellung hatte, sich an Gottes Gebote hielt und nach jüdischer Vorstellung ein Ideal war. Besser als Hiob ging's nicht. Auch nicht, was den ganzen Segen betraf, den er erfahren hatte: Hiob war reich, Vater einer großen Familie und konnte sich wirklich nicht beklagen. Das fiel auch einer Gestalt namens Satan (bedeutet »der Gegner«) auf. Er machte einen Deal mit Gott, um zu sehen, ob Hiob auch noch so treu glauben würde, wenn er leiden müsste. Warum auch immer willigte Gott ein, und Hiob verlor alles.

In vielen Kapiteln geht es dann um die Fragen »Ist Gott gerecht?« und »Regiert Gott die Welt in Gerechtigkeit?«. Darauf hatte Hiob eine klare Antwort: Gott könne nur ungerecht sein, da er, Hiob, selbst nicht falsch gehandelt und damit etwa das Leid als Strafe verdient habe. Die Geschichte wird sogar richtig wild, denn Hiob verfluchte den Tag, an dem er geboren worden war. In unseren Augen war Hiob Gott gegenüber wirklich unverschämt!

Hiob wird uns zu Beginn des Buches als jemand beschrieben, der uns mit seinem Glauben ein Vorbild sein kann. Man hätte jetzt erwarten können, dass ihn dieser Glaube auch durch die schweren Momente trug. Aber die Botschaft ist eine andere! Um sie zu verstehen, müssen wir Hiob mit den Augen seiner Zeitgenossinnen und -genossen wahrnehmen. Damals war es keine Unhöflichkeit, sondern viel mehr eine Ehre, an einer Gottheit »zu rütteln und mit ihr zu kämpfen.«[29]

Hiobs Art von Zweifel war ein ehrlicher, aufrichtiger Glaube, der mit dem Leben mithalten konnte und nicht getrennt davon existieren musste. Gott ist eine Grundvoraussetzung im Buch Hiob, das Leben in seiner Komplexität aber genauso. Tatsächlich kommen im Buch Hiob viele Gottesbilder und auch Lebenserfahrungen zusammen (leider nur die von Männern). Sie werden von den Freunden Hiobs dargestellt, die die Sache etwas anders sahen als Hiob. Ihr Gottesbild war unverrückbar, sie blieben also bei ihrer Auffassung, dass Gott in jedem Fall gerecht war und handelte. Ihre Lösung? Sie machten Hiob zum Sünder, der ihrer Meinung nach sein Leid als gerechte Strafe verdient hatte.

Ich finde das sehr herzlos! Eigentlich wollten sie Hiob trösten und was taten sie wirklich? Sie ignorierten das wahre Leben, das sich vor ihren Augen abspielte, sprachen Hiob allen Glauben und auch alle Zweifel ab, dachten, sie wüssten es besser und machten sich schon fast selbst zu Göttern.

Eine solche Deutung war für Hiob sicherlich nicht das, was er hören wollte. Im Endeffekt konnte ihm nur Gott selbst die Antwort geben, die ihn beruhigte: Diese Welt ist so komplex, dass Menschen sie nicht verstehen können – und damit auch nicht das Leid, das auf ihr geschieht. Jede Theorie, die ganze Weisheit und alle Gerechtigkeit reichen nicht aus, um das Leid aus menschlicher Perspektive zu erklären. Es gibt keine konkrete Antwort auf die Frage nach dem Grund für Leid, nur eine Antwort auf die Frage, wie wir es überstehen können: mit Gott an unserer Seite.

Ich glaube, wir können Hiobs Situation nur verstehen, wenn wir selbst schon mal in Leid und Zweifeln versunken waren und von Freundinnen und Freunden gut gemeint mit Rettungsringen beworfen wurden und das Einzige, das in alldem half, die Hoffnung darauf war, Gott doch noch irgendwo im Chaos zu finden.

Eine Freundin von mir bat mich einmal um ein Treffen. Das war gar nicht so außergewöhnlich, aber ich merkte schnell, dass sie ein besonderes Anliegen hatte. Wir saßen in einem Restaurant und hatten uns etwas zu trinken bestellt. Nachdem wir uns darüber ausgetauscht hatten, was aktuell im Leben der anderen gerade so passierte, erzählte sie mir von dem Leid und der ausweglosen Situation einer ihrer engsten Bezugspersonen. Das Schicksal allein war schon schwer genug, doch die Menschen um diese Person herum sorgten dafür, dass es noch schwieriger zu tragen war. Ich musste an die Freunde von Hiob denken.

Auf die wirklich komplexe Situation, die nicht anders als ausweglos zu beschreiben war, reagierten die gläubigen Menschen in ihrem Umfeld mit der Aufforderung, mehr zu beten, aber sonst nichts zu tun. Wir können das als Zeichen eines treuen Glaubens deuten, als Resignation vor der schwierigen Lage oder aber – so kam es bei meiner Freundin an – als Unverschämtheit. Verstärkt wurde ihr Eindruck noch dadurch, dass einige sich trauten, den Schicksalsschlag als Beweis für den Abfall vom richtigen Glauben und eine Abkehr vom gottgefälligen Leben zu sehen. Meine Freundin ging gerade durch eine unfassbar schwere Zeit, aber die gläubigen Menschen in ihrem Umfeld wollten sich nicht damit auseinandersetzen und hatten nichts Besseres zu tun, als ihr ein »Dann musst du halt mehr beten« entgegenzuschmettern. Hiob ist wirklich sehr zeitlos.

Sie erzählte mir, wie traurig sie die Reaktionen gemacht hatten, und beendete ihre Ausführung mit den Fragen: »Wie können die nur so etwas Ignorantes sagen? Und warum tut Gott dann trotzdem nichts?« Meine Freundin war nicht die Erste, die jemals solche Fragen gestellt hat. Solche Fragen haben die Menschen schon immer umgetrieben.

In diesen Fragen schwingt die Theodizeefrage mit, also die Frage, wie ein guter, allmächtiger Gott all das Leid in der Welt zulassen kann. Viele schlaue Köpfe haben sich schon damit auseinandergesetzt, und auf dem Papier klingen all die Antwortversuche zwar kompliziert, aber durchaus logisch. An einem Restauranttisch vor einer den Tränen nahen Freundin erscheinen sie aber alle unbrauchbar. Ich probierte es trotzdem mit dem Antwortversuch von Hans Jonas – denn leider kennt er sich als Jude, dessen Mutter von den Nazis ermordet wurde, mit Leid aus. Stark vereinfacht und zusammengefasst sagt sein Ansatz, dass Gott uns nahe ist und mitfühlt, aber nicht allmächtig sein kann, weil wir sonst nicht existieren könnten.

Ich bereute es sofort, diesen Antwortversuch auch nur erwähnt zu haben, denn nun zweifelte meine Freundin, die mir sehr zu vertrauen schien, zwar nicht mehr an Gott, aber an allem, was sie bisher in ihrer Gemeinde über ihn gehört hatte: »Gott ist nicht allmächtig? Aber warum glauben das dann alle?«

Das war definitiv nicht meine Absicht gewesen. Ich hatte ihr helfen wollen und begriff, dass wir anderen keine unserer Antworten überstülpen können. Jeder Zweifel und jedes Leid ist anders, berechtigt und nicht mit einer allgemeingültigen Antwort abzuhaken – erst recht nicht mit komplizierten Theorien!

Trotzdem möchte ich noch mal auf Hans Jonas zurückkommen. Er sagt, in der Person Hiob leide Gott mit. Für ihn ist Gott Hiob selbst. Das würde bedeuten: Gott kennt Leid und weiß auch, dass keine noch so gut gemeinten Ratschläge, kein frommer Lebensstil oder sonst etwas uns vor Leid bewahren können. Deshalb ist Gottes »Ich bin da« (2. Mose 3,14; GNB) die einzige tröstliche Antwort auf menschliches Leid. Dieses »Ich bin da« können wir uns auch gegenseitig zusprechen (und umsetzen) und damit versuchen, ein bisschen von dem vielen Leid aufzufangen.

Ich hoffe, ich konnte genau das für meine Freundin tun! Für mich hat sie an diesem Abend auf jeden Fall etwas Wichtiges getan: Sie brachte mir bei, dass unsere Theorien von Gott, vom Glauben und vom Leid häufig sehr weit vom wahren Leben entfernt sind. An diesen Punkten dürfen wir zweifeln und unseren Glauben hinterfragen. Wie Sebastian Rink sagt: »Je mehr Facetten mir das Leben von sich preisgibt, desto größer wird die Mühe, die mein Glaube aufbringen muss. Aber desto näher rückt er auch an das Leben heran, wie ich es zu leben lerne.«[30]

Enttäuschungen und Leid gehören zum Leben dazu und können unseren Glauben an einen guten Gott, der nur genug Gebete hören will, bevor er alles wieder in Ordnung bringt, ins Wanken bringen. Vielleicht gehst auch du gerade durch eine schwere Zeit, dann lass mich dir sagen: Zweifel sind keine Sünde und erst recht nichts, wofür du dich schämen müsstest! Für mich haben sie eine einleuchtende Ursache und können heilsam für den Glauben sein. Dass wir zweifeln, sobald etwas lange Geglaubtes nun gar nicht (mehr) mit unserem Leben übereinstimmt, liegt daran, dass wir Glauben für uns auf eine bestimmte Art definiert haben. Es kann aber so kommen, dass dieser Definitionsglaube irgendwann nichts mehr mit dem wahren Leben zu tun hat. Deshalb sollten wir nicht den Glauben generell über Bord werfen, sondern ihn in unsere veränderte Welt einladen und sehen, wo es Überschneidungen gibt. Denn es ist beides wahr: dass Gott dir in deinem Leid und deinen Zweifeln begegnen möchte. Und dass er sich aufgrund deiner Erfahrungen weit weg anfühlen kann. Die Autorin und Bloggerin Sheila Serrer beschreibt ihre Erfahrungen mit dieser doppelten Wahrheit so:

Meine Erlösung und meine persönliche Heilungsgeschichte, die die Verarbeitung meiner größten Verletzungen und mein Trauma der Vergangenheit beinhaltet, sind zwei Paar

Schuhe. Ja, Jesus starb für uns am Kreuz. Ja, er nahm all unsere Schuld an unserer Stelle auf sich und ja, durch seine Wunden können unsere eigenen heilen. Ja, er kennt unseren tiefsten Schmerz und die wunden Stellen in unserem Herzen, die wir vor der ganzen Welt verstecken wollen. Und er wohnt in unserem Schmerz. Aber entgegen all unserer Wünsche und Hoffnungen bleiben die anderen »Jas« eben auch bestehen: Ja, ich wurde verletzt. Ja, man hat mir mein Herz gebrochen und ja, mir wurde Unrecht getan.[31]

Beides gehört zum Leben dazu. Lass deinen Glauben leben lernen!

Für meine Freundin bedeutete das, dass sie zwar manches aufgab, was sie von anderen über Gott beigebracht bekommen hatte, aber den Glauben an ihn nicht. Sie musste vermeintliche Wahrheiten über Gott gehen lassen, um ihn selbst in ihrem Leid wiederfinden zu können. Dazu braucht es ziemlich viel Mut, wenn du mich fragst! Doch es geht kein Weg daran vorbei. Entweder versuchst du die Zweifel, die das echte Leben in dir ausgelöst hat, zu überdecken und sie schlagen später mit voller Wucht zurück, oder du hörst auf sie und lässt deinen Glauben im Leben neu wachsen. Ich muss dazu noch einmal Sebastian Rink zitieren, denn auch seine Definition von Zweifeln finde ich sehr treffend! Sie erscheinen uns dann gar nicht mehr so bedrohlich für den Glauben, sondern total wertvoll:

Denn im Glauben zu zweifeln, bedeutet nicht bloß, sich alternative Gedanken darüber zu machen, ob dieser oder jener Satz der Tradition sachlich zutreffend ist. Zweifel ist nicht die Infragestellung, ob manche Bibelgeschichten tatsächlich so geschehen sind, wie es geschrieben steht. Unglaube ist kein Zweifel an den vermeintlichen Wahrheiten, sondern er ist die knallharte Konfrontation mit der bitteren Wirklichkeit, die wir »Leben« nennen.[32]

Was nützt uns ein Glaube, der nur in einer heilen Parallelwelt existieren kann? Wir brauchen den Mut, unsere selbst gesteckten Grenzen zu verlassen und unserem Gott im wahren Leben zu begegnen. Trau dich zu zweifeln! Das mag sich zu Beginn wirklich angsteinflößend anfühlen, das verstehe ich. Wir stellen uns das Christsein oft als Einbahnstraße in den Himmel vor, die nur geradeaus führt. Einfach immer schön weiterglauben und dann wird alles gut. Umwege sind nicht erlaubt. Entweder du behältst die Richtung bei oder stürzt hinab in die Tiefe. Wenn du so geprägt bist, dann fühlen sich Zweifel wie der Anfang vom Ende an. Lass uns das Ganze aber mal etwas entschärfen.

Umdenken kann göttlich sein

Anstatt aus unserer innerkirchlichen Perspektive schauen wir einfach mal etwas entspannter auf die Zweifel, dass Gott immer alles im Griff hat.

In meinem Religionsunterricht an einer Schule, an der Erwachsene ihre Schulabschlüsse nachholen können, saßen regelmäßig verschiedene Menschen vor mir, die alle gute Gründe hatten, nicht an einen liebenden Gott zu glauben. Ihnen zuzuhören und mit ihnen zu reden, hat tiefere theologische Gespräche hervorgebracht als viele Gottesdienste oder Uni-Seminare, dich ich bis dahin besucht hatte.

Glaube kann auch jenseits unserer ursprünglichen Vorstellungen von Gott stattfinden und ist deshalb nicht schlechter – das haben wir ja schon bei den verschiedenen Stufen festgestellt. Ich persönlich will keinen Glauben haben, der die Lebensrealität von vielen Menschen verleugnet. Mein Glaube soll das Leben kennen, so wie Jesus das Leben kannte. Mit allen Höhen und Tiefen, mit gutem Draht nach oben und Warum-hast-du-mich-verlassen-Momenten. Eben mit allem, was zum Leben dazugehört und den Glauben erst lebendig macht. Zweifeln ist der Schlüssel dazu. Er schließt uns neue, heilsame Perspektiven auf!

Achtung, ich mache jetzt ein gewagtes Statement: Ein Umdenken im Glauben kann göttlich sein. Paulus selbst ist das beste Beispiel dafür. Als strenger Jude öffnete er sich dem Einfluss von Jesus (blieb dabei aber Jude). Auch Veronika Smoor erzählte in der bereits erwähnten Podcastfolge, dass sie ihre Zweifel heute als Hinweise vom Heiligen Geist sehe. Das Unbehagen, das sie in ihrer alten Glaubenstradition empfunden habe, und die ständige Kritik, die sie in ihrem Kopf während des Hörens von Predigten formuliert habe, hätten sie von Gott ferngehalten. Sie sei in Gottesdienste gegangen und habe all das getan, was sie schon immer getan habe, um Gott zu begegnen, nur dass es nicht mehr mit ihrem Leben übereingestimmt habe. Sie ergänzte, dass der Heilige Geist uns immer in eine tiefere Beziehung zu Gott führen wolle – und das bedeute, dass wir auf sein Flüstern hören dürften und uns manchmal auch von unserem alten Glauben lösen müssten. Glaube darf eine Mischung aus Tradition und Neuem sein, mal mehr vom einen und mal mehr vom anderen.

Wie muss es den Glauben der Jünger auf den Kopf gestellt haben, als Jesus einen so demütigenden Tod starb, obwohl sie ihn als mächtigen Retter erwartet hatten? Wie muss es danach den Glauben der Jünger auf den Kopf gestellt haben, als über Jesus erzählt wurde, dass er doch wieder lebendig ist? Zweimal in kürzester Zeit sollten die Jünger etwas ganz anderes glauben, als sie erwartet hatten. Einem gelang das nicht wirklich. Er konnte nicht glauben, dass Jesus auferstanden war. Vielleicht wollte er auch gar nicht wahrhaben, dass sein Held überhaupt gestorben war – und das noch auf eine der brutalsten Weisen. Er brauchte Beweise. Die Rede ist von Thomas, der zu den anderen Jüngern sagte:

> Niemals werde ich das glauben! Da müsste ich erst die Spuren von den Nägeln an seinen Händen sehen und sie mit meinem Finger fühlen und meine Hand in seine Seitenwunde legen – sonst nicht!
> *Johannes 20,25b; GNB*

Er konnte nicht einfach so alle schmerzhaften Erfahrungen der letzten Tage ablegen und etwas glauben, das mit seinem Leben so gar nicht übereinstimmte. Ich kann mir vorstellen, dass er noch in tiefer Trauer war und sich nichts mehr wünschte, als seinen Freund nur noch ein letztes Mal sehen zu können. Vielleicht war Thomas auch maßlos enttäuscht von dem Retter, der scheinbar keiner war, von den Menschen, die dafür gesorgt hatten, dass Jesus gekreuzigt worden war, von der ganzen Welt. In einem solchen Schmerz wäre ich auch mehr als nur vorsichtig, welche Gedanken und Hoffnungen ich nahe an mich heranlasse. Noch eine Enttäuschung mehr hätte Thomas womöglich nicht verkraftet. So stelle ich mir den Hintergrund der Szene vor. Thomas wollte sich schützen, brauchte Sicherheit, brauchte etwas, das ihn dort abholte, wo er in seinem durcheinandergeratenen Leben stand.

Zum Glück ist genau das ein Spezialgebiet Jesu! Die Geschichte wird im Johannesevangelium so weitererzählt, dass Jesus eine Woche später mitten unter den Jüngern erschien und direkt auf Thomas zukam. Die ersten heftigen Emotionen hatten sich vermutlich gelegt, Thomas hatte sich beruhigt und ein bisschen Sicherheit im Kreis seiner Freunde gefunden – hoffe ich zumindest! Und nun stand Jesus nicht nur leibhaftig vor Thomas, sondern ließ ihn auch seine Wunden fühlen. Jesus forderte Thomas auf: »Hör auf zu zweifeln und glaube!« (Johannes 20,27b; GNB).

Wenn das jemand so direkt sagen darf, dann der auferstandene Jesus Christus! Wahrscheinlich hatte Thomas in der vergangenen Woche diese Worte auch aus den Mündern der anderen Jünger gehört. Sie hatten leicht reden, sie hatten den Auferstandenen ja auch schon selbst gesehen – live und in Farbe. Mit Thomas' Leben hatten alle ihre Erzählungen aber so gar nichts zu tun. Er musste es selbst erleben, selbst sehen, dass Jesus in seinem Leben neu real wurde. Solange das nicht geschehen war, musste Thomas die Zweifel, Unsicherheit und Fragen aushalten.

Das ist nicht einfach, vor allem, weil wir Menschen gern schnelle Antworten haben. Aber dass die nicht funktionieren und bei Zweifeln erst recht fehl am Platz sind, haben wir schon gesehen. Deshalb müssen wir den Umgang mit der Ungewissheit lernen.

Umgang mit der Ungewissheit

Bisher haben wir zwei Möglichkeiten oder Antwortversuche auf die Frage nach Glauben und Nichtverzweifeln trotz Leid gefunden:

1. Wir Menschen verstehen diese komplexe Welt niemals völlig und deshalb bleibt uns auch verschlossen, warum es Leid gibt.
2. Nur die Leidenden und Zweifelnden selbst können Antworten finden, die sie zufriedenstellen. Das kann durch Begegnungen mit Gott geschehen.

Über das Zweifeln haben wir Folgendes gelernt:

1. Es ist normal und gehört zur Weiterentwicklung dazu, den eigenen Glauben zu hinterfragen.
2. Zweifel deuten oft darauf hin, dass Glauben und Leben nicht zusammenpassen. Damit der Glaube wieder tragfähig für das Leben und lebendig wird, dürfen wir uns von alten Glaubenswahrheiten verabschieden.

Die beiden letzten Punkte tragen im besten Fall dazu bei, dass die Gottesbeziehung tiefer wird. Aber hilft uns das jetzt wirklich? Ich meine, eigentlich sind Zweifel doch himmelschreiende Fragen, die nichts sehnlicher wollen, als endlich beantwortet zu werden. Sie haben einen schlechten Ruf in unserer Bubble, weil es so ermüdend, kräftezehrend und zermürbend sein kann, sie auszuhalten. Am Ende bleibt da vielleicht nicht genug Kraft mehr übrig, um doch noch weiter oder wieder zu glauben. Irgendwo auf dem Weg ist vielleicht der Mut ausgegangen, und auch im Hoffnungstank sind nur noch ein paar Tropfen übrig. Wir brauchen jetzt eine Antwort. Jetzt!

Hast du diese Erfahrung auch bereits gemacht? Wenn ja, dann hast du den sogenannten *need for cognitive closure* gespürt. Das ist ein menschliches Bedürfnis nach Antworten, die in sich geschlossen sind und uns logisch erscheinen. Es geht um »das Verlangen nach einer definitiven Antwort, irgendeiner Antwort anstelle von Verwirrung und Ambiguität«[33], also Doppeldeutigkeit. Wie stark dieser Wunsch ausgeprägt ist, hängt von vielen Faktoren ab. Zum einen ist es in der Persönlichkeit angelegt, zum anderen spielt es eine Rolle, ob wir Traumatisierungen, also Erfahrungen, bei denen unser Leben oder das einer Person in unserer Nähe auf dem Spiel stand, erlebt haben und deshalb ein größeres Bedürfnis nach Sicherheit haben. Dazu kommen dann die Umstände, in denen wir uns situativ befinden. Wenn wir zum Beispiel unter Zeitdruck stehen, gestresst oder müde sind oder es schlicht zu laut um uns herum ist, treffen wir oftmals übereilte Entscheidungen. Leuchtet doch ein, oder? Egal, wie die Entscheidung aussieht, Hauptsache, wir können einen Haken dahinter machen. Dieses Gefühl, in der Luft zu hängen und keine klare Antwort zu haben, quält uns Menschen. Deshalb wollen wir es so schnell wie möglich beenden. Wir geben uns mit dem Erstbesten zufrieden und halten daran fest, auch wenn es eigentlich bessere Alternativen gäbe.

An sich ist das ein gutes menschliches Bedürfnis, denn sonst würden wir im Dauerstress leben. Das Problem ist nur, dass es so einfach dann doch wieder nicht ist (welche Ironie, oder?). Sind wir allerdings sehr belastet, dann ist unsere Toleranz der Ungewissheit gegenüber wesentlich niedriger und wir werden leichtgläubiger, was einfache Antworten angeht. Da unser Leben insgesamt auf immer wackeligeren Beinen zu stehen scheint und wir alle meistens tatsächlich großem Stress ausgesetzt sind, führt uns diese Entwicklung in noch größere gesellschaftliche Probleme. Aber dieses riesige Fass möchte ich gar nicht weiter aufmachen. Ich möchte viel lieber mit dir darüber nachdenken, was dieses Bedürfnis nach einfachen Antworten mit unserem Glauben zu tun hat.

Wenn ich an meine eigene Glaubensreise zurückdenke und damit auch an die Gottesvorstellungen, die ich hatte (siehe Stufenmodelle), fällt mir auf, dass auch ich gern einfache Antworten geglaubt habe. In meinem Kopf gab es nur eine Geschichte: eine Art zu glauben, eine Art, den Glauben zu leben, eine Art zu beten, eine Art, Freundschaften zu pflegen, eine Art... Ich habe wirklich versucht, diese Geschichte zu glauben, aber sie kam mir immer weniger brauchbar vor in einer Welt, die voller Geschichten ist. Deshalb war es so befreiend für mich, zu entdecken, dass mein Glaube nur ein kleiner Teil der Wahrheit ist. Im nächsten Moment kam dann aber sofort die Angst, etwas falsch zu machen und von der Einbahnstraße Richtung Himmel herunterzufallen. In mir gab es dieses Verlangen nach einfachen Antworten statt Unsicherheit. Aber dazu später mehr.

Hast du schon mal davon gehört, dass man der Religion Funktionen zuschreibt? Vielleicht ist dir dieses Konzept ja mal begegnet – im Religions- oder Konfirmationsunterricht. Eine von diesen Funktionen ist es, Antworten auf die wichtigsten Fragen des Lebens zu geben, also genau auf solche Fragen, die uns im Zweifeln begegnen. Dumm nur, dass wir bisher keine konkreten Antworten gefunden haben. Erfüllt unser Glauben womöglich gar nicht diese Funktion? Oder sind einfach die Funktionen falsch zusammengestellt worden?

Ich bin nach einigem Nachdenken zu dem Schluss gekommen, dass mein Glaube diese Funktion des Antwortgebens doch erfüllt – aber nicht so, wie ich ursprünglich dachte. Ich kann nicht einfach eine Frage aufschreiben, die Bibel aufschlagen und immer eine passgenaue Antwort erwarten. (Wobei es sicher Ausnahmefälle und göttliche Fügungen gibt, aber die sind mir bisher selten passiert.) Die Antworten, die ich in meinem Glauben finde, sind viel größer und besser. Sie befriedigen nicht nur kurzfristig mein Bedürfnis nach Sicherheit und Gewissheit, mein Glaube im Dazwischen hilft mir sogar, den Umgang mit Unsicherheiten zu üben.

Die komplizierten, uneindeutigen Antworten und Gottes klares »Ich bin da« sind das Gefühl, in allem Zweifeln nicht allein zu sein, in allen Fragen getragen zu werden und in allen Ungewissheiten nicht aufgeben zu müssen. Weil ich nicht allein bin und weil es nicht auf mich ankommt. Weil mein zeitweiser Unglaube, meine Zweifel und Fragen nichts daran verändern, wie Gott zu mir steht.

Paulus, der selbst zwischen Extremen hin- und hergerissen war, der seinen Glauben von Gott auf den Kopf stellen ließ und sicher auch Zweifel hatte, fragt im Römerbrief 3,3: »Zwar sind einige ihre eigenen Wege gegangen, aber was ändert das? Kann die Untreue dieser Menschen etwa Gottes Treue aufheben?« Seine Antwort fällt absolut überzeugt und ohne einen Hauch von Zweifel aus: »Niemals!« (Römer 3,4a). Gott verlässt dich nicht, niemals. Egal, wie viel du zweifelst, wie groß deine Fragen sind und egal, wie sehr du an ihm rüttelst. Nichts kann dich von Gottes Liebe trennen. Das sagt Paulus ein paar Kapitel später noch mal in aller Deutlichkeit.

Ich bin ganz sicher, dass nichts uns von seiner Liebe trennen kann: weder Tod noch Leben, weder Engel noch Dämonen noch andere gottfeindliche Mächte, weder Gegenwärtiges noch Zukünftiges, weder Himmel noch Hölle. Nichts in der ganzen Welt kann uns jemals trennen von der Liebe Gottes, die uns verbürgt ist in Jesus Christus, unserem Herrn.
Römer 8,38-39; GNB

Also:

Hab den Mut, du selbst zu sein. Du bist nicht zu viel und auch nicht zu wenig.

Hab den Mut zu glauben. Auf deinem Weg wirst du Gott finden.

Hab den Mut zu zweifeln. Es gibt für Gott nichts, was dich von ihm trennen kann.

Gebetsübung: Ein ehrlicher Brief

Ein erster Schritt, der dir dabei helfen soll, Zweifel und Unsicherheiten zu akzeptieren, ist, sie dir bewusst zu machen. Vielleicht möchtest du einen ehrlichen Brief an Gott schreiben und deinen Zweifeln Raum geben. Höre in dich rein, schreibe deine Zweifel auf und entdecke Gott in ihnen. Wahrscheinlich wirst du nicht sofort Antworten auf deine Fragen finden – das musst du ja auch gar nicht, wie wir gesehen haben. Wenn du dich gerade in einem heftigen Sturm an Zweifeln befindest, dann vertraue darauf, dass Gott dir trotzdem nah ist. Vertraue darauf, dass du glaubst. Dein Glaube darf sich ändern und vielleicht sogar schon, nachdem du dieses Gebet in Briefform geschrieben hast, ein bisschen näher am Leben sein. Das Leben ist kompliziert, aber Gott ist nicht fern. Hab Mut zu zweifeln.

Kapitel 4

ÜBE(R) DEN MUT ZUR ANGST

Ich erinnere mich an ein Gespräch mit meiner Therapeutin. Ich war bei ihr, weil ich herausfinden wollte, ob meine Ängste wirklich nur durchschnittliche Sorgen waren oder möglicherweise bereits eine Angststörung. Um das herauszufinden, stellte sie mir einige Fragen über die Situationen, in denen ich Angst erlebe – und manchmal auch wirklich als hinderlich empfinde. Ich erzählte ihr von den eindrücklichsten Erlebnissen mit meinen Ängsten und nach jeder meiner Schilderungen fragte sie: »Hat Sie diese Angst davon abgehalten, es zu tun?« Zu meiner eigenen Überraschung konnte ich fast immer mit Nein antworten. Laut meiner Therapeutin war ich also mutig genug, um keine Angststörung diagnostiziert zu bekommen. Vielleicht geht es dir da anders und du merkst, wie deine Angst dich immer wieder lähmt, dich daran hindert, Dinge zu tun. Dann mag ich dir Mut machen, dir professionelle Hilfe zu suchen. Man kann Angststörungen begegnen und sie heilen.

In meinem Fall war es also keine Angststörung, trotzdem empfand ich in verschiedenen Situationen Angst, und der stellte ich mich immer wieder von Neuem: So erzählte ich meiner Therapeutin davon, dass ich mich in engen Räumen nicht wohlfühle, mich aber trotzdem zum Ausbau unseres Camper-Vans unter das dort eingebaute Bett zwängte, um Schwerlastauszüge zu montieren. Ich erzählte auch davon, dass ich mich vor großen Höhen fürchtete, aber meine Freude am Gestalten von Räumen so groß sei, dass ich zur Not mit zitternden Knien hoch oben auf einer Leiter stünde, um auch noch die letzte Ecke der Wand zu streichen. Dann erzählte ich meiner Therapeutin aber auch noch eine ganz andere, weniger alltägliche Geschichte: Ich fahre nicht gern mit öffentlichen Verkehrsmitteln. Man könnte denken, dass es daran liegt, dass mich viele Menschen und eine gewisse Lautstärke stressen. (Dagegen helfen ja zum Glück Kopfhörer mit aktivem Noise-Cancelling.) Meine Angstgefühle beim Busfahren haben aber einen anderen Ursprung.

Meine Ängste und Trotzdems

Es begann während meiner Oberstufenzeit in einem Winter. Jeden Morgen im Bus auf dem Weg zur Schule fuhr ein Jugendlicher mit, der mich durchgehend anstarrte. Nicht so, wie die meisten Schülerinnen und Schüler schauen, wenn sie gleich eine Mathe- oder Lateinstunde erwarten, sondern angsteinflößend. In den ersten Tagen, an denen das passierte, wunderte ich mich ein bisschen über den seltsamen Kerl. Dann merkte ich aber schnell: Er meint das irgendwie ernst. Ich setzte mich von da an extra nicht mehr auf meinen Stammplatz im Bus in der Hoffnung, dass er mich nicht so schnell finden und anstarren würde. Doch das half nichts, er folgte mir. An anderen Tagen suchte ich mir erst später, nachdem er eingestiegen war, einen anderen Platz im Bus. Doch auch hier folgte er mir. So ging das über ein Jahr lang. Irgendwann versuchte ich nur noch, ihn zu ignorieren. Ich setzte mich jeden Morgen wieder auf meinen Stammplatz, bemühte mich, während der gesamten Fahrt aus dem Fenster zu schauen, und machte die Musik an meinem Handy etwas lauter als sonst. So versuchte ich, seinen starrenden und aufdringlichen Blicken aus dem Weg zu gehen. Ich fühlte mich ohnmächtig und hilflos in diesen Situationen. Fliehen konnte ich nicht – alle Versuche endeten wieder in seinem Blickfeld. Kämpfen erschien mir auch sinnlos, denn meine Anklage »Er schaut mich an« erschien mir als zu wenig relevant. Wem hätte ich davon erzählen sollen? Meinen Eltern? Lehrerinnen? Meinen Freundinnen? Was hätte ich sagen sollen? Dass er mich nicht mehr anschauen soll? Das kam mir wenig erfolgversprechend vor. Stattdessen wählte ich die dritte typische Reaktion auf Angst: Ich floh (*flight*) nicht, ich kämpfte (*fight*) nicht, sondern ich erstarrte (*freeze*). Ich war während der dreißig Minuten auf dem Weg zur Schule eingefroren in seinem Blick und in meiner Hilflosigkeit.

Daraus entwickelte sich eine Angst vor der morgendlichen Busfahrt, die sich schnell auf das Busfahren insgesamt übertrug. Von da an waren Busfahren und das Gefühl des Kontrollverlusts bei mir verknüpft. Ich vermied es eine Zeit lang um jeden Preis, Bus zu fahren. Jedes Mal, wenn ich es dennoch musste, hätte ich mir die Fahrt auch eigentlich sparen können. Am Zielort angekommen war ich vor lauter emotionalem Stress viel zu fertig für das, was dort auf mich wartete.

Fast zehn Jahre später fühle ich mich in öffentlichen Verkehrsmitteln immer noch unwohl. Es ist nicht mehr so schlimm wie früher und ich versuche mich bei den Fahrten mehr auf den Aspekt des Klimaschutzes als auf die ängstlichen Gefühle und Warnsignale meines Körpers zu fokussieren. Alles nur, um meine Angst mit jeder Fahrt ein bisschen mehr zu überwinden und sagen zu können: Ich mache es trotzdem!

Als ich diese Geschichte meiner Therapeutin erzählte, schaute sie mich mitfühlend an. Wir sprachen darüber, welche Entwicklung ich in den letzten Jahren gemacht hatte, und ich dachte mir: »Hätte ich damals schon den Mut aufgebracht, jemandem von den unerwünschten Blicken zu erzählen, hätte ich diese Entwicklung zum einen nicht allein durchmachen müssen und zum anderen hätte ich sie vielleicht schneller durchlaufen.« Außerdem weiß ich heute, dass das Verhalten dieses Jugendlichen Stalking war und somit eine Straftat, und es wäre wichtig gewesen, mich jemandem anzuvertrauen. Warum hatte ich also geschwiegen?

Zu der Angst davor, angestarrt zu werden, und zu der Angst vor dem Busfahren gesellte sich eine weitere Angst, die verhinderte, dass ich darüber sprach: Ich hatte Angst, dass man mir nicht glauben würde, und ich habe mich geschämt. Für diese Art von Angst gilt, was die Bestsellerautorin Brianna Wiest schreibt: »Erkenne, dass Angst ihren Ursprung in Scham hat.«[34] In meiner Situation damals wäre es ein mutiger Schritt gewesen, jemandem von dem starrenden Fahrgast zu erzählen. Und auch heute noch, gerade während ich diese Zeilen schreibe, kreisen in meinem Kopf all die Argumente, die irgendwie dafür sprechen könnten, nicht über dieses Thema zu schreiben. Mein Mut, den ich heute aufbringe, besteht aber genau darin, meine Ängste und ihre Auslöser zu benennen – damit auch du ein bisschen mutiger werden kannst.

Sich gegenseitig widersprechende, ja, sogar miteinander streitende Gedanken darüber, was jetzt das Richtige ist, was es zu tun gilt, kommen mir aber noch aus einer anderen wichtigen Begebenheit in meinem Leben bekannt vor.

Ich war damals zwar kein Mitglied dieser Gemeinde, aber ich fühlte mich ihr zugehörig. Nur: Sie tat mir nicht gut. Ich merkte, wie vieles, was dort von mir erwartet wurde, mir schadete. Ich wollte dort nicht mehr hingehen. Gleichzeitig war ich auch in gewisser Weise von der Gemeinde abhängig, da sie sich komplett mit meinem sozialen Umfeld überschnitt. Ich hatte Angst, allein dazustehen, wenn ich die Gemeinde verlassen würde. Ich befürchtete, dass sich alle meine Freundinnen und Freunde, die ich dort hatte, von mir abwenden würden. Wochenlang haderte ich mit mir, ob ich das riskieren wollte. Dann fasste ich einen Entschluss. Bis ich den dann aber wirklich in die Tat umsetzte, dauert es noch mal eine ganze Weile. So sehr war ich hin- und hergerissen zwischen den zwei Möglichkeiten: entweder zu bleiben und mein soziales Umfeld zu sichern oder die Gemeinde zu verlassen und damit zu riskieren, dass ich keine Freundinnen und Freunde mehr haben würde.

Ich entschied mich dafür, die Gottesdienste dieser Gemeinde nicht mehr zu besuchen, mein ehrenamtliches Engagement zu beenden und mir andere Gemeinden anzusehen. Einerseits ging es mir besser als vorher, andererseits war ich nun tatsächlich neben meinen mentalen Belastungen auch mein komplettes soziales Umfeld los. Als ich in der Gemeinde war, wurde nämlich großer Wert darauf gelegt, möglichst wenig mit Menschen zu tun zu haben, die keine Christinnen bzw. Christen sind. So wandten meine Freundinnen und Freunde außerhalb der Gemeinde mir nach und nach den Rücken zu, was ich gut verstehen konnte. Immerhin hatte ich ihnen das Gefühl gegeben, aus der Perspektive meines Glaubens nicht richtig zu sein. Aus Sicht der Gemeinde war ich nun selbst nicht mehr richtig und ich fühlte mich wirklich allein. Es traf also genau das ein, wovor ich Angst gehabt hatte, als die Entscheidung im Raum stand. Aber ich habe es trotzdem gemacht und damit meine mentale Gesundheit, meinen Glauben und auch mich selbst gerettet. Doch die Glaubenssätze, die ich in dieser Gemeinde über mich als junge Frau und über Gott gelernt hatte, hätten mich von dieser mutigen Entscheidung beinahe abgehalten.

Es ist immer leichter über die Vergangenheit zu schreiben als über die Gegenwart. Das habe ich beim Aufschreiben meiner Erlebnisse gemerkt. Um ganz ehrlich zu sein, war es sogar so, dass mir im ersten Moment auf meine selbst gestellte Frage, wovor ich Angst gehabt hatte und es trotzdem gemacht habe, nicht viel einfiel. Ob es daran lag, dass ich mir die Frage am frühen Nachmittag stellte, zu der Zeit, zu der ich immer einen kleinen Durchhänger habe? Ich wage es zu bezweifeln, und schiebe es auf die menschliche Psyche, die Gott sich phänomenal ausgedacht hat. Meine hat es nämlich geschafft, das Meiste, was sie früher einmal in Panik versetzt hat, so in meine Biografie einzuweben, dass ich es nicht mehr als störend wahrnehme. Diese Fähigkeit machen wir uns später gemeinsam noch zunutze.

Ich wollte mich damit aber in diesem Fall nicht zufriedengeben, schließlich wollte ich dir ja ehrlich von meinen Ängsten berichten. Deswegen habe ich meine Psyche ausgetrickst. Ich habe mich ein zweites Mal auf die Reise in meine Vergangenheit begeben, mir aber eine andere Frage gestellt: »Wann war ich besonders mutig gewesen?« Im Verlauf dieses Kapitels wirst du sehen, dass Angst und Mut noch viel enger miteinander verknüpft sind, als du vielleicht dachtest. Und tatsächlich! Es war, als hätte ich mit dieser Frage den passenden Schlüssel für die Erinnerungen an meine Ängste gefunden. Damals, als sie mein Hier und Jetzt waren und noch weit davon entfernt, eine Erinnerung zu werden, konnte ich kaum etwas anderes empfinden als Angst. In den vielen Jahren, die nun aber vergangen sind, habe ich es geschafft, auch diese schwierigen Zeiten in meine Geschichte einzuweben. Angst war ein Teil von mir, ist ein Teil von mir und wird immer einer sein. Diese Angst, die ich in den Situationen so akut erlebt habe, war manchmal hilfreich. Sie hat mich gewarnt und daran erinnert: Niemand darf so mit mir umgehen! Würde ich sie aber heute noch immer so stark empfinden wie im Bus oder vor der Entscheidung über meine Gemeindezugehörigkeit, dann würde sie mich noch immer lähmen. Ich bin dankbar, dass das nicht der Fall ist! Ich habe mich meiner Angst immer wieder gestellt und trotzdem gehandelt. Bin Bus gefahren. Habe Entscheidungen getroffen. Nicht immer sind Ängste so, dass man sich ihnen allein stellen kann. Manchmal braucht man jemanden an seiner Seite, der einen dabei unterstützt. Ich mag dir noch mal Mut machen: Wenn dich deine Ängste lähmen und du ihnen nicht allein begegnen möchtest oder kannst, dann such dir professionelle Hilfe. Du musst das nicht allein durchstehen.

Aufgeschrieben, ans Kreuz geschlagen, verbrannt und in den Himmel aufgestiegen

Es scheint also verschiedene Arten von Angst zu geben. Nicht nur Mut sieht von Person zu Person anders aus (was psychologische Studien übrigens belegen[35]), sondern auch Angst kann unterschiedlich ausfallen. Manche Ängste sind lähmend und schränken das Leben ein. Andere hingegen schützen Leben und geben wichtige Hinweise. Leider ist es nicht immer einfach, zwischen diesen beiden Arten zu unterscheiden – manchmal sogar überhaupt nicht möglich. Meine eigenen Ängste waren oft eine Mischung aus beidem. Sie schränkten mich ein und machten mich gleichzeitig auf Dinge aufmerksam, die mein Leben negativ beeinflussten. Nicht jede Angst ist also schlecht! Aber Sprichwörter wie »Sei Pippi und nicht Annika« und gesellschaftliche Erwartungen vermitteln uns oft den Eindruck, dass Angst immer Schwäche bedeutet. Wer Angst hat, ist langweilig und verpasst das gute Leben. So lauten die Klischees. Und natürlich kann uns Angst zum Beispiel bei Entscheidungen auch mal im Weg stehen und verhindern, dass wir einen wichtigen Schritt gehen. Aber gleichzeitig ist es doch auch so: Wer zu sich steht, sich von seinem (manchmal unguten) Bauchgefühl leiten lässt und die eigenen Ängste erkennt, kann viel bewusster und echter leben. Du musst nicht von heute auf morgen alle Hemmungen fallen lassen und einen Backpacking-Trip starten. Aber du musst dich auch nicht kleiner machen, als du bist. Vielleicht erfordert es in deiner Situation viel mehr Mut, deine Ängste ehrlich anzuschauen, als es andere kostet, eine solche Reise zu starten. Verstehst du, was ich meine?

Wir können weder unsere Ängste noch unseren Mut mit anderen vergleichen. Hier geht es nur um dich! Vielleicht fühlt sich das seltsam an, weil du es gewohnt bist, dass es immer zuerst um andere gehen muss. Es mag dir fremd vorkommen, dich mit deinen Ängsten und Sorgen auseinanderzusetzen, weil du sie womöglich sonst nur auf kleine Zettel geschrieben und ans Kreuz genagelt hast. Wenn es dir so geht, dann bist du bei mir in bester Gesellschaft! Wie oft habe ich eine ganz konkrete Angst auf verschiedenste Zettel geschrieben, die dann auf vielfältige Arten zerstört wurden. Eine meiner Ängste wurde schon zerknüllt, verbrannt, an einem Luftballon in den Himmel geschickt und ganz klassisch: ans Kreuz genagelt. Aber sie schien ein Boomerang zu sein, denn sie kam immer wieder zurück. Was genauso wie diese Angst an mir haften bleib, war der Gedanke, dass Angst nicht sein darf. Es erschien mir nur logisch: Wenn in nahezu jedem vierten Gottesdienst, den ich besuchte, irgendwelche Ängste auf kreative bis gefährliche Arten und Weisen verbannt werden sollten, dann muss Angst ja wohl wirklich etwas Schlimmes sein.

In mir stieg langsam, aber sicher die Vermutung hoch, dass ängstliche Menschen im Glauben etwas falsch machen – ja, vielleicht war gar nicht meine Angst das Problem, sondern ich! Hinzu kamen dann noch solche Empfehlungen wie »Du musst nur mehr beten« oder »Wenn du nur stark genug glaubst, hast du keine Angst mehr«. Doch all das zusammengenommen ist nichts anderes als christliche toxische Positivität. Dagegen sind gesellschaftliche Erwartungen gar nichts! Sprüche à la Pippi Langstrumpf sind harmlos gegen die Einstellung vieler gläubiger Menschen gegenüber der Angst! Deshalb fehlt uns oft der Mut zur Angst. Deshalb entsteht eine noch viel gewaltigere Angst: die, nicht gut genug zu sein und nicht genug zu glauben. Ich hoffe aber, dass du nach den ersten Kapiteln schon so viel über dich, deinen Glauben und deine Zweifel gelernt hast, dass du dich sicher genug fühlst, jetzt auch ehrlich auf deine Ängste zu schauen.

Angst verstehen ...

Bei der Recherche für dieses Kapitel nahm ich ein Buch zur Hand, das ich über andere christliche Seelsorgerinnen auf einer Konferenz kennengelernt hatte, bei der ich selbst als Seelsorgerin eingesetzt war. Es hat den Anspruch, die wichtigsten Themen, die in einem seelsorgerlichen Gespräch mit jungen Menschen aufkommen können, in psychologischer und theologischer Hinsicht zu erklären. Das Kapitel zur Angst fällt dabei eher unter die Kategorie »gut gemeint, aber schlecht gemacht«, denn auch dieses steckt voller christlicher toxischer Positivität. Beim Lesen hatte ich den Eindruck, dass in diesem Kapitel mit jedem Wort vermittelt wird: Angst darf nicht sein. Die Autoren entwickeln eine Sicht auf Angst in der Bibel, die dir vielleicht aus manchen christlichen Kontexten selbst bekannt vorkommt. Es wird zwischen unbegründeten Ängsten und realistischen Ängsten unterschieden. Und am Rande tauchen auch noch solche Dinge auf, vor denen man sich als Christin bzw. Christ nicht fürchten darf. Damit möchte ich kurz aufräumen, bevor wir uns die Angst ganz ohne Tabus anschauen.

Immer wieder taucht im Neuen Testament die Aufforderung auf, sich nicht zu fürchten oder zu sorgen – und erst recht nicht um Alltägliches und die nahe Zukunft. Wenn du aber gerade von Sorgen zerfressen wirst, können solche Sätze nicht nur Mut machen, sondern auch das Gegenteil bewirken: Du schämst dich dafür, dass du Angst hast, obwohl doch in der Bibel steht … Stopp! Deine Gefühle sind nichts, wofür du dich schämen solltest. Deine Angst darf sein. Sie darf selbst dann sein, wenn sie nicht zu den »realistischen Ängsten« gehört, die die Autoren des Seelsorgebuchs aus dem Neuen Testament zitieren. Als einzig begründete Angst wird in diesem Buch nämlich die Sorge um den Glauben anderer Gemeindemitglieder genannt. Verstehe mich nicht falsch, es ist gut, sich umeinander zu kümmern! Doch wir beschäftigen uns häufig mehr damit, über andere zu urteilen, als den Mut aufzubringen, ganz ehrlich zu uns selbst zu sein. Es kann sogar hilfreich sein, sich einmal gründlich mit den eigenen Ängsten auseinanderzusetzen. Angst ist nichts, was wir tabuisieren müssen. Deshalb wundert es mich umso mehr, dass Paulus von den Autoren des Seelsorgebuchs schon fast übermenschlich dargestellt wird. Er wird als das super Vorbild im Glauben gezeichnet, weil über ihn im Neuen Testament steht, dass er keine Angst vor Kälte, Hunger, Gewalt und Verfolgung hatte. Für mich klingt das so, als ob das ein Beweis für wahren Glauben sein soll – nach dem Motto »Dein Glaube ist erst dann stark genug, wenn du keine Angst mehr vor echten Bedrohungen hast.« Dass Angst aber zum Leben, ja, auch zu einem Leben mit Jesus dazugehört, haben wir schon an der Erzählung der Sturmstillung gesehen. Wenn du weiterliest, im Neuen Testament oder hier, wird dir wahrscheinlich auch auffallen, dass sogar Jesus Angst hatte.

Vielleicht liest du dieses Buch, weil Angst auch in deinem Leben eine Rolle spielt und du bisher keinen guten Umgang mit ihr gefunden hast. Womöglich hast du immer gedacht, dass sie nicht sein darf. Wenn das auf dich zutrifft, dann ist dieser Abschnitt für dich!

... als Schutzmechanismus und Körperempfindung

Ich wette, du hast deine Angst bisher ausschließlich als störend wahrgenommen. Sie ist das, was dich nachts wach hält. Sie ist der Grund, aus dem du bereits viele Dinge immer wieder aufgeschoben oder erst gar nicht gemacht hast. Sie ist die Stimme in deinem Kopf, die scheinbar nur das Schlechte kennt. Sie ist der Bauchschmerz, die Übelkeit, das Herzrasen oder die schnelle Atmung, die deinen Körper in einen Ausnahmezustand versetzt. Kein Wunder also, dass die Angst bei dir und in Kirche und Gesellschaft so schlecht weg- kommt! Ich war auch lange Zeit alles andere als begeistert von dieser hartnäckigen Begleiterin. Vor allem störte mich, dass mir in einer besonders aufwühlenden Zeit in meinem Leben immer übel wurde, wenn ich große Angst hatte. Das war wirklich kein schönes Gefühl und hat auch direkt noch eine ganz konkrete Angst hinzugefügt: Ich wollte mich definitiv nicht in der Öffent- lichkeit übergeben müssen. Manchmal war die Übelkeit für mich der schlimmste Aspekt meiner Angst. Nach dem Motto: »Vergiss die blöden Gefühle! Vergiss die verpassten Chancen! Hauptsache, dieses flaue Gefühl im Magen verschwindet endlich!«

Es entzog sich komplett meiner Logik, wie Angst und Übelkeit zusammenhängen. Doch dann klärte meine Therapeutin mich auf: Angst, die wir heute eher als überflüssig empfinden, hat ihren Ursprung unter anderem als eine lebensrettende Funktion. In Zeiten oder Regionen, in denen sich Menschen ständiger Bedro- hung ausgesetzt sahen oder auch heute noch sehen, arbeiteten bzw. arbeiten Psyche und Körper eng zusammen, um das eigene Leben zu schützen. Nehmen wir den berühmten Säbelzahntiger. Er schlenderte vor vielen, vielen Jahren wie auch der Mensch nichts ahnend durch den Wald. Die beiden begegneten sich und, um das eigene Leben zu schützen, musste definitiv einer der beiden fliehen – der Tiger war es nicht! Da es sich mit vollem Magen nicht so gut vor Gefahren wegrennen lässt wie mit leerem, gibt es eine Reaktion, die dieses Problem blitzschnell behebt. Daher kommt die Übelkeit, die ich schon oft erlebt habe, wenn mich Panik überkam. Vielleicht kennst du das auch.

Das bedeutet: Sowohl unsere Psyche als auch unser Körper möchten uns eigentlich nur beschützen, wenn wir Angst haben. Denn negative Emotionen werden im Gedächtnis besser abgespeichert und erinnern uns so regelmäßig an schlechte Erfahrungen, die wir lieber nicht noch einmal machen sollten. Deine Angst möchte für dich also erst mal nur etwas Gutes. Auch dein Körper ist nicht irgendwie komisch, sondern er funktioniert ganz prächtig, wenn er dir – auf zugegeben etwas unschöne Weise – zeigt, dass du gerade möglicherweise in Gefahr bist. Angst war lange Zeit ein überlebensnotwendiger Schutzmechanismus. Blöd nur, dass wir heute eher selten Säbelzahntigern begegnen, aber unsere Angst das noch nicht zu wissen scheint! Glaube mir, ich warte schon lange sehnlichst auf das Update, das meine Psyche und meinen Körper etwas weniger anfällig für potenzielle Säbelzahntiger macht! Aber auch wenn unsere Angst manchmal mit uns durchgeht und scheinbar übertrieben ist, so ist sie doch ein wichtiges Gefühl, das uns auch heute noch in manchen Situationen zu Recht warnt. So ganz ohne Angst würde das Leben also nicht funktionieren.

Angst wird an dem Punkt ein Problem, wo sie Menschen in ihrem Leben einschränkt oder sich gar zu einer Angststörung entwickelt. Angststörungen zählen übrigens zu den häufigsten psychischen Erkrankungen unserer Tage.[36] Doch hier gilt es zu unterscheiden: Nicht jede Sorge bedeutet gleich eine Diagnose! Ein gesundes Maß an Angst bewahrt uns auch heute noch davor, Risiken einzugehen, die zu groß sind. Raubtierbegegnungen zählen eher nicht dazu, dafür aber vielleicht die stark befahrene Straße, über die wir nicht einfach laufen. Unsere Eltern haben uns das beigebracht, damit wir unser Leben schützen können. Auch das ist ein Ursprung unserer Ängste. Neben dem Steinzeit-Argument geht man noch davon aus, dass wir einige unserer Ängste von unseren Eltern oder anderen bedeutenden Personen übernommen haben – manche mehr, andere weniger sinnvoll. Wenn sich die Mutter zum Beispiel stark vor Spinnen fürchtet und entsprechend panisch reagiert, sobald sie eine sieht, lernt ihr Kind dadurch, dass Spinnen wohl etwas sind, vor dem es Angst haben muss.

Vielleicht möchtest du dir einmal Zeit nehmen und überlegen, welche Ängste du übernommen hast – aus der Steinzeit oder von nahestehenden Menschen. Das zu wissen, kann dir helfen, dich von ihnen nicht noch weiter beunruhigen zu lassen. Manche von ihnen kannst du sogar sehr schnell als unbegründet enttarnen und ablegen.

... als Teil des echten Lebens

Dein Leben endet nicht, nur weil deine Ängste sich so intensiv anfühlen, als würde tatsächlich ein Säbelzahntiger direkt vor dir stehen! Du bist nicht weniger wert, weil sich deine Ängste – so unbegründet sie auch sein mögen – nicht von dir verabschieden wollen!

In unserer Gesellschaft und unseren Kirchen herrschen noch viele Vorurteile über psychische Krankheiten. Von uns wird erwartet, immer gut drauf, dankbar für die kleinen Dinge und hoffnungsvoll zu sein. Können wir das gerade aus irgendeinem Grund nicht, dann fühlen wir uns schnell wertlos. Noch schwerer ist es für Menschen, die unter einer Angststörung leiden. Sie haben regelrecht das Gefühl, als ob das Leben in einer Parallelwelt stattfinden würde. In der wirklichen Welt scheinen alle unbeschwert, aber für sie selbst ist dort kein Platz. So klang es ja sogar in dem christlichen Seelsorge-Handbuch! Aber glaube mir, du musst dein Leben nicht abhaken, nur weil es nicht so verläuft, wie das christliche Heile-Welt-Ideal es vorgibt. Auch zu meinem Leben gehören gleichermaßen Phasen der Angst und Momente des Mutes. Beides dürfen wir annehmen. Und auch eine Angststörung gilt es erst mal anzunehmen. Das ist oftmals der erste Schritt, den es braucht, um sich Hilfe zu suchen.

Wie wichtig Akzeptanz in solchen Lebensabschnitten ist, hat mir die Geschichte von Katherine May gezeigt. Sie hat eine wunderbare Metapher gefunden für all die Zeiten, in denen ihre Depression und Angststörung sie nicht dem Ideal entsprechen ließen: Überwintern. So heißt auch ihr Buch, in dem sie über eine ganz besondere Zeit in ihrem Leben schreibt. Eigentlich unterrichtete sie Kreatives Schreiben, aber dann brach in ihrem Leben der Winter aus. Sie bekam die Diagnosen einer Darmkrankheit und einer Depression. Obendrein entwickelte sie auch noch Ängste: Katherine May sorgte sich um ihren Mann, der einen gefährlichen Blinddarmdurchbruch hatte, und um ihren Sohn, mit dem die Schwangerschaft kompliziert gewesen war und der später Angst vor der Schule hatte. Dann wurde bei ihr auch noch Asperger-Syndrom diagnostiziert. Das klingt im ersten Moment nach vielen Schicksalsschlägen, die man niemandem wünscht. Doch wenn wir ganz ehrlich sind, klingt das auch nach dem ganz normalen, echten Leben. In ihrem Buch wehrt sich Katherine May gegen den Zwang, immer gut drauf sein zu müssen. Motivationssprüche in den sozialen Medien wie »Halte durch!« und »Du bist stärker, als du glaubst!« hörten sich in ihren Ohren an wie ein direkt ins Gesicht gebrülltes »Reiß dich zusammen!«. Vor lauter Sehnsucht nach Positivität würden wir das echte Leben ausblenden, schreibt sie. Zu dem gehörten aber nun mal auch unschöne Seiten. Katherine May fasst für die gesamte Gesellschaft zusammen, was ich eben als ein großes Problem von Gemeinden im Umgang mit Angst beschrieben habe:

> Ständig heißt es, wir sollen uns nicht über Kleinigkeiten Sorgen machen, aber gleichzeitig haben wir chronische Angst. Ich frage mich oft, ob das nicht ganz normale Gefühle sind, die erst dadurch monströs werden, dass wir sie verdrängen. [...] Es gibt Zeiten, in denen es uns richtig gut geht, und Tage, an denen wir morgens am liebsten nicht aufstehen würden. Beides ist normal. Beides muss in Relation gesetzt werden.[37]

Katherine May war eine Expertin im Überwintern, so viele Winter hatte sie in ihrem Leben schon durchgestanden. (Das ist das Schöne an Wintern: sie gehen irgendwann vorüber.) Deshalb sieht ihre Strategie, mit ihren Ängsten und Depressionen umzugehen, so aus:

> Ich akzeptiere den Winter. Ich sah ihn kommen [...] und ich sah ihm ins Auge. Ich begrüßte ihn und ließ ihn herein. [...] Als ich spürte, wie der Winter anfing, an mir zu ziehen, fing ich an, mich wie ein Lieblingskind zu behandeln: mit viel Liebe und Güte.[38]

Dazu gehörte für sie Soulfood, also Essen, das ihr ein richtig wohliges Gefühl gab, ebenso wie viel Schlaf und Spaziergänge. So ähnlich sähe auch mein Überwinterungs-Paket aus! Was wäre in deinem?

Von Katherine May konnte ich nicht nur lernen, was mir beim Überwintern hilft, sondern dass es eine Option ist, Ängste und andere negative Gefühle zu akzeptieren. In der Welt, in der wir leben, ist aber genau das so mutig wie notwendig. Manchmal habe ich das Gefühl, ich tue manche Dinge nur, um vor anderen nicht als ängstlich dazustehen. Ich verhalte mich mutig, weil ich nicht den Mut aufbringen kann, meine echten Gefühle zuzulassen. Wir brauchen mehr Bücher wie das von Katherine May, die uns zeigen, dass Angst zum Leben dazugehören kann, es aber nicht komplett bestimmen muss. Auch in unseren Wintern haben wir die Wahl. Wir können sie mutig akzeptieren und für unsere Bedürfnisse einstehen. Wir müssen uns nicht verstecken. Wir dürfen mutig ängstlich sein.

Es fällt uns oft schwer, unsere Emotionen, also auch die Angst, zu akzeptieren, weil wir sie bewerten. Sobald wir uns aber klarmachen, dass wir alle fühlende Wesen sind, ändert sich unser Blick auf unsere Emotionen. Wir sind nicht die Einzigen, die sie fühlen. Wir müssen uns für sie nicht schämen. Das hat mir eine englische Trainerin für selbstbewusstes Vortragen beigebracht.[39] Vielleicht hilft dir diese Übung[40] auch, wenn du von einem Gefühl überfallen wirst:

- **Schritt 1:** Benenne das Gefühl, ohne es zu bewerten. Zum Beispiel: »Ich habe Angst.« Wenn du den Grund für dieses Gefühl kennst, benenne ihn auch direkt: »Ich habe Angst, weil ich nicht will, dass ich kritisiert werde.«
- **Schritt 2:** Akzeptiere das Gefühl: »Ich habe Angst, weil ich nicht will, dass ich kritisiert werde, und das ist okay.«
- **Schritt 3:** Wiederhole diesen Satz mehrmals in Gedanken. Versuche, diesem Gefühl nicht auszuweichen. Du wirst merken, dass es immer schwächer wird, während du ruhig und tief weiteratmest.

... als Bedingung für Mut

Wie passen Angst und Mut zusammen? Früher dachte ich, dass man entweder mutig oder ängstlich sein kann. Dazwischen gibt es nichts. Jenseits des Mutes liegt vielleicht noch Leichtsinnigkeit und Lebensmüdigkeit, wenn ich mir manches »mutige« Verhalten so anschaue, aber darum soll es hier nicht gehen. Mit meinen eigenen Erfahrungen und Definitionen im Kopf machte ich mich, als ich die Idee für dieses Buch hatte, auf die Suche nach einer treffenden Definition von Mut. Lange Zeit fand ich dabei nur Blogartikel von Coaches für jede Lebenslage oder Biografien über unnachahmbare Heldinnen und Helden der Geschichte. Kann das denn so schwer sein? Ich wollte doch nur ein paar Sätze, kurz und knapp. Das ist Mut.

Ich verbrachte Stunden in Online-Datenbanken gefüllt mit psychologischen Fachartikeln auf Englisch. Irgendwann stieß ich dann auf einen Artikel aus dem Jahr 2021 mit dem schönen Titel »Act boldly«. Auf Deutsch: Handle Mutig. Dort wurde tatsächlich ein Überblick über eine in vielen Experimenten bestätigte Definition von Mut gegeben. Ich hätte in dieser Definition alles erwartet, aber nicht folgende Aussage: »Some degree of fear is required for courage to manifest«[41]. Übersetzt heißt das, dass es einen gewissen Grad an Angst braucht, damit Mut sich zeigen kann. Ohne Angst kein Mut also. Es erleichtert mich, das wissenschaftlich bestätigt zu bekommen, denn natürlich habe ich auch schon Sprüche gelesen wie »Mut ist nicht die Abwesenheit von Angst«[42] oder »Mut ist Angst, die gebetet hat«[43]. Das klingt er-mutigend, hat aber im ersten Moment unter Umständen auch wieder einen kleinen Touch von: »Reiß dich zusammen!«

Der Autor des psychologischen Artikels beschreibt ein Experiment, das belegt, dass Angst und mutiges Handeln sich nicht ausschließen. Bei diesem Experiment wurde die Angst, die sich an Gehirnaktivitäten ablesen lässt, gemessen. Die Probandinnen und Probanden bekamen die Aufgabe, Dinge zu tun, bei denen Menschen gewöhnlich Angst empfinden. So mussten sie sich zum Beispiel einer Schlange nähern. Die Aufzeichnungen der Gehirnaktivität bestätigten: Alle hatten wirklich Angst. Manche der Teilnehmenden trauten sich aber näher an die Schlange, konnten sie sogar anfassen. Der Unterschied von ihnen zu den Personen, die sich nicht getraut haben, war nicht etwa, dass sie keine Angst hatten. Das konnte mit den Messungen der körperlichen Angstsignale festgestellt werden. Der Unterschied bestand darin, dass die mutigeren Personen gezielte Gedanken eingesetzt haben, um ihre Angst zu überwinden. Wir können also dem Spruch »Mut ist Angst, die gebetet hat« glauben, denn auch beim Beten setzen wir gezielt unsere Gedanken ein. Wir erinnern uns daran, wer wir sind und was wir alles schon mit Gottes Hilfe geschafft haben. Wir überlegen uns eine Strategie für die anstehende Herausforderung. Wir werden ruhig und besinnen uns. Wir fokussieren etwas anderes als das, was uns Angst macht. Und dann handeln wir. Immer noch mit Angst, aber wir setzen uns in Bewegung.

Der Wissenschaftler schließt die Zusammenfassung des Experiments ab mit den Worten »Courage is not fearlessness, but the ability to take action in the presence of fear.«[44] Auf Deutsch: Mut ist nicht mit Angstlosigkeit gleichzusetzen, sondern vielmehr die Möglichkeit, trotz Angst zu handeln. Ja, Angst kann uns lähmen, aber sie gibt uns erst die Chance, mutig zu sein. Von einer Frau, die genau das verinnerlicht hatte und der ihr Glaube geholfen hat, mutig zu handeln, erzähle ich dir im nächsten Abschnitt.

Marias Loblied

Einer meiner liebsten Texte der Bibel steht in Lukas 1 ab Vers 46. Dies ist die Weihnachtsgeschichte und ja, ich mag Weihnachten sehr gern, aber meine Liebe zu diesem Text hat andere Gründe. Dort stehen mutige Worte voller Kraft und Dankbarkeit. Es sind Marias Worte. Sie hat kurz zuvor beängstigende und zugleich wunderbare Neuigkeiten erfahren. Ein Bote Gottes war zu ihr gekommen und hatte ihr verkündet, dass sie schwanger werden würde. Diese Botschaft musste sie geschockt haben! Sie war mit Josef nur verlobt, aber noch nicht verheiratet – da konnte und durfte es nicht sein, dass sie ein Kind erwartete! Ihr ganzes Leben wäre vorüber, sollte das stimmen. Sie hätte dann ihren Ruf weg und wäre ihren Verlobten los. Nicht nur das, sogar ihr Leben war in Gefahr, sollte sie jemand wegen Ehebruchs anklagen.

Maria muss sich unfassbare Sorgen gemacht haben. »Was denken die anderen von mir? Wie soll mein Leben jetzt weitergehen? Glauben die mir oder halten die mich für verrückt? Hab ich das alles nur geträumt oder war das echt? Kann ich mir selbst eigentlich noch vertrauen? Wo soll das alles nur hinführen? Wie soll das enden?« Den Boten fragte sie nur: »Wie soll das geschehen?« (Lukas 1,34a). Gabriel erklärte es ihr und führte als Beweis nicht etwa ein wissenschaftliches Experiment an, sondern ein weiteres Wunder: Es gab da noch eine unmögliche Schwangerschaft, nämlich die von Marias Verwandter Elisabeth, die als unfruchtbar galt. Zu dieser machte sich Maria nun allein durch unwegsames Gelände auf den Weg. Sie muss mehrere Tage für die Reise gebraucht haben – mit einem Baby im Bauch und Sorgen im Kopf. Allein diese Reise anzutreten war schon mutig und verdient es, hier erwähnt zu werden! Lukas widmet diesen 150 Kilometern voller Gefahren nur einen Satz. Die Pastorin Mira Ungewitter beschreibt sie so:

Rund 150 Kilometer durch ein Land wandern, durchzogen von Soldaten der Besatzermacht. Wege gesäumt von hingerichteten Aufrührern. Hungernde Armut wortwörtlich an jeder Ecke. [...] Musste Maria sich vielleicht gar übergeben? Vielleicht wurde ihr übel vom Geruch des Pferdemistes der römischen Soldaten, die an ihr vorbeiritten und sie musterten, während sie sich den Schleier tiefer ins Gesicht zog. Bis der letzte beschwerliche Abschnitt im Bergland vor ihr lag. Mit dem Ziel vor Augen eilends zu ihrer geliebten verwandten Elisabeth zu gelangen.[45]

Elisabeth konnte Maria die Nachricht des göttlichen Boten bestätigen und ihr ihre Sorgen nehmen.

Da begann Maria, Gott zu loben: »Von ganzem Herzen preise ich den Herrn. Ich freue mich über Gott, meinen Retter. Mir, seiner Dienerin, hat er Beachtung geschenkt, und das, obwohl ich gering und unbedeutend bin. Von jetzt an und zu allen Zeiten wird man mich glücklich preisen, denn Gott hat große Dinge an mir getan, er, der mächtig und heilig ist! Seine Barmherzigkeit bleibt für immer und ewig, sie gilt allen Menschen, die in Ehrfurcht vor ihm leben. Er streckt seinen starken Arm aus und fegt die Hochmütigen mit ihren stolzen Plänen hinweg. Er stürzt Herrscher von ihrem Thron, Unterdrückte aber richtet er auf. Die Hungrigen beschenkt er mit Gütern, und die Reichen schickt er mit leeren Händen weg. Seine Barmherzigkeit hat er uns, seinen Dienern, zugesagt, ja, er wird seinem Volk Israel helfen. Er hat es unseren Vorfahren versprochen, Abraham und seinen Nachkommen hat er es für immer zugesagt.«
Lukas 1,46-56

Diese Worte strotzen nur so vor Mut. Maria konnte selbstbewusst sein, weil sie ihre Gedanken nicht mehr von ihren Ängsten bestimmen ließ, sondern sich an das erinnerte, was sie mit Gott geschafft hatte. Hier spricht nicht mehr die junge Frau, deren Zukunftsaussichten sich von einem auf den anderen Moment radikal verändert hatten. Die Worte klingen wie die der Propheten aus dem Alten Testament. Maria konnte ihren Fokus von ihren eigenen Ängsten auf das große Ganze lenken. Im ersten Moment, wenn man noch tief in der Angst steckt, funktioniert das meist nicht, da dreht sich alles noch um das, was nicht sein darf. Vielleicht kennst du das genauso gut wie ich.

Aber Maria ließ sich nicht mehr von ihren Sorgen beherrschen, sie war voller Mut und Tatendrang. Für mich klingen ihre Worte so, als wollte sie eine Revolution starten. Jetzt. Alle sollten selbst erleben, dass Gott gerecht, barmherzig und treu ist. Sie würde es allen verkünden und niemand würde sie stoppen können. Dabei begann diese Revolution ganz klein in ihrem Bauch und in ihrem Herzen. Jesus veränderte sie, schenkte ihr Mut. Aus einer armen, unbedeutenden Frau wurde die Gottesgebärerin.

Ich stelle mir Maria nicht so brav vor, wie sie oft dargestellt wird. Ich stelle sie mir als Kämpferin vor, die von ihren Ängsten nicht aufgehalten werden konnte. Und erst recht nicht von einer Welt, in der Männer das Sagen hatten, über ihren Körper verfügen und über ihr Überleben entscheiden konnten. Obwohl die Reaktionen der anderen sie eine Zeit lang beschäftigten, konnten diese sie nicht mehr aufhalten! Maria war schwanger – mit dem Sohn Gottes. Sie war keine Hure, kein Objekt, keine Verrückte, keine, die gesteinigt werden durfte. Sie kannte die Urteile der anderen über sie, sie hatte vielleicht auch Angst vor ihnen und trotzdem wählte sie dieses Risiko. Sie gab dem Boten Gottes ihr Einverständnis und erklärte der ganzen Welt, woher ihr Sohn und ihr Mut kamen. Nichts konnte sie aufhalten.

Was hindert dich am Mutigsein?

So wäre ich auch gern. Du ebenfalls? Ich habe das Gefühl, dass wir viel mutiger sein könnten, als wir es sind, wenn da nicht solche hartnäckigen Glaubenssätze in unseren Köpfen wären. Sie bestimmen, wie wir über uns denken, und auch, wie wir über andere denken. Hier mal eine kleine, erlesene Auswahl: »Ich war schon immer die, die am Rand steht und nur zuschaut.« »Die Welt ist ein gefährlicher Ort.« »Lass das lieber erst mal die anderen machen.« »Ich darf nicht auffallen.« »Ich bin dafür verantwortlich, dass andere sich gut fühlen.« »Gott ist stark, ich bin schwach und das ist auch gut so.« »Zu Glauben heißt, sich selbst aufzuopfern.« »Ich darf nicht zu sehr auf das Gute hoffen, sonst könnte ich enttäuscht werden.«

Als ich mit mir über Monate hinweg ausdiskutiert habe, ob ich diese Gemeinde, die mir ganz offensichtlich nicht guttat, verlassen sollte, waren es nicht nur Sorgen über meine womöglich einsame Zukunft, die mich beschäftigten, sondern auch Glaubenssätze. Sie stammten alle aus dieser Gemeinde. Ich glaubte, als Frau müsste ich mich unterordnen und anpassen, um anerkannt zu sein. Wie würde es da ankommen, wenn ich mich jetzt von der gesamten Gemeinde abwenden würde? Ich glaubte, dass ich die Aufmerksamkeit nicht auf mich ziehen dürfte, denn das durften in dieser Gemeinde nur Männer oder Gott persönlich. Ich glaubte, es sei Gottes Plan für mich, mich dort aufzuopfern, so wurde es immer wieder gepredigt. In dieses Bild, das ich von mir als Frau und von Gott hatte, passten Mut und Revolution, wie Maria es vormachte, so gar nicht. Meine Glaubenssätze hinderten mich daran, mutig zu sein. Deshalb zögerte ich die Entscheidung, ob ich die Gemeinde verlassen sollte oder nicht, so lange heraus.

Zum Mutigsein gehört es manchmal aber auch, sich selbst und Gott in einem neuen Licht zu sehen. Darum ging es ja bereits in den ersten drei Kapiteln. Allerdings habe ich dort nicht gesagt, dass es einfach ist! In meinem Fall war es mehr als notwendig, denn mit meinem alten Selbst- und Gottesbild verschwanden nach und nach auch einige meiner Ängste. So rum funktioniert das also: trotz Angst mutig handeln, sich nicht aufhalten lassen von alten Glaubenssätzen und dann der Angst langsam bei ihrem Rückzug zuschauen. Das mag sich am Anfang sehr abenteuerlich anfühlen, aber es lohnt sich!

Wofür brauchst du gerade Mut? Was hindert dich daran, mutig zu sein? Die erste Frage habe ich meiner Community auf Instagram gestellt und hier ist eine Auswahl der Antworten:

»Für die anstehenden Bewerbungen für einen Job. Vor allem für Telefonate.«

»Dafür, für die Interessen von mir, aber vor allem die meiner kleinen Tochter einzustehen.«

»Ich starte am Sonntag meine Alpenüberquerung – 21 Tage allein.«

»Meine ersten Lebensjahre aufzuarbeiten.«

»Im Moment zu sein & an meine Fähigkeiten zu glauben (im Bereich Uni & Co.)«

»Dafür, um in 2-3 Freundschaften auch mal Grenzen zu setzen, lernen Kritik zu äußern.«

»Menschen, die nicht glauben, vom Glauben zu erzählen.«

»Ich möchte aus meiner jetzigen Freikirche austreten.«

»Mir einzugestehen, dass auch ich
mal Auszeiten brauche,
ohne schlechtes Gewissen.«

»Für mein Praktikum – 300 km weit weg
von zu Hause.«

»Ich brauche gerade Mut, um Hilfe zu
bitten und Lasten abzugeben.«

»Ich will meine soziale Phobie überwinden.«

Vielleicht findest du dich in den Aussagen wieder, vielleicht stehen bei dir aber auch ganz andere Herausforderungen an. Einige der Aussagen beziehen sich auf Glaubenssätze, die dem Mut im Weg stehen und die Angst festhalten. Das Gewohnte fühlt sich immer sicherer an, und ich kann verstehen, weshalb wir lieber weiterleiden, als ein Risiko einzugehen. Eine Studie hat gezeigt, dass wir eher davon angetrieben werden, Schlechtes zu vermeiden, als Gutes zu erlangen.[46] Das erklärt, weshalb wir uns oft mit einem mittelmäßig guten Leben zufriedengeben und nicht versuchen, ein mutigeres, besseres Leben zu leben, weil wir Angst haben, dass dabei auch etwas schiefgehen könnte.

Wenn wir uns aber selbst mit anderen Augen sehen, dann können wir mutiger werden und Ängste, die unser Leben einschränken, überwinden. Den Frauen, die mir geschrieben haben, wofür sie gerade Mut brauchen, möchte ich antworten: »Glaubt daran, dass ihr mutig sein könnt! Ersetzt eure destruktiven Glaubenssätze damit!«

Das muss gar nicht bedeuten, dass sie ihre gesamte Identität neu entwickeln sollen. Denn viele von ihnen sind in anderen Bereichen des Lebens bereits wahnsinnig mutig! Ich habe dieselben Personen auch gefragt, was das Mutigste war, das sie je getan haben. Das hier sind einige der Antworten:

»Mich für ein Zweitstudium zu bewerben, ohne sicher zu wissen, wie ich es finanziere.«

»Ich habe mich für einen Freiwilligendienst in Costa Rica entschieden und fliege bald.«

»Mich zu outen.«

»Den Kontakt zu meinen Erzeugern abzubrechen und unterzutauchen.«

»Laut auszusprechen, dass ich introvertiert und nicht unnormal bin.«

»Mit Hilfe von anderen die Notbremse einzulegen & in eine stationäre psychosomatische Behandlung zu gehen & danach weiter Therapie in Anspruch zu nehmen. War damals alles sehr krass und unwirklich, aber heute bin ich so froh.«

»Mich aus einer ungesunden Beziehung zu lösen, ohne zu wissen, was danach kommt.«

»Aus einer Baptistengemeinde auszutreten, in der ich aufgewachsen bin.«

»Meine erste eigene Wohnung – meine Mutter war dagegen.«

»In eine fremde Stadt ziehen, obwohl ich ein Gewohnheitstier bin.«

»Ich habe angefangen über Dinge zu sprechen, die mich über 6 Jahre geplagt haben.«

»Einen hohen Berg bestiegen, obwohl ich panische Höhenangst habe.«

Sie alle sind schon mutig! Du bist schon mutig! Angst lässt uns oft vergessen, dass es mehr gibt als sie. Athena Singh hat mal gesagt: »Traue deinen Ängsten nicht. Sie kennen deine Stärken nicht.«[47] Wir fokussieren nur das Gefürchtete. Im Kopf kreisen die Gedanken um verschiedenste Horrorszenarien. Da können wir plötzlich ganz schön kreativ werden. Aber wenn es darum geht, mutig zu handeln, scheint das nicht immer zu funktionieren. Wir vergessen, dass wir schon oft Mut bewiesen haben. Ehrlich zu sich selbst zu sein, bedeutet nicht nur, die eigene Angst zuzulassen, anstatt sie zu verdrängen. Es bedeutet auch, den eigenen Mut zuzulassen! Wenn wir lähmende Ängste überwinden wollen, dann können wir uns an all das erinnern, was wir bisher schon mutig geschafft haben. Lass deinen Mut aus einem Lebensbereich in den anderen wandern. Die Followerin, die ihre soziale Phobie überwinden möchte, hat bereits trotz ihrer Höhenangst mutig einen Berg bestiegen. Die Person, die in bestimmten Freundschaften mehr Grenzen setzen will, hat sich schon mutig aus einer toxischen Beziehung gelöst. Wieder eine andere, die Mut braucht, um eine Freikirche zu verlassen, hat schon den Ausstieg aus ihrer Herkunftsgemeinde geschafft. Die Erinnerung an Mut in der Vergangenheit kann uns neuen Mut für die Gegenwart schenken. Frage dich, wann warst du schon mal mutig, und überwinde damit deine Angst im Hier und Heute! Je detaillierter du dich an deinen Mut erinnern kannst, desto besser. Wie hat es sich angefühlt, als du es geschafft hast? Speicher dir dieses triumphale Gefühl ab. Halte allen Glaubenssätzen, die dich einengen, entgegen, dass du mutig sein kannst!

Du kannst das sogar hier und jetzt ganz konkret tun: Erinnere dich an eine Situation, in der du besonders mutig gehandelt hast, und beantworte für diese Situation die folgenden Fragen.[48]

- In welcher Situation hast du mutig gehandelt?
- Was war das Gute daran, dass du es geschafft hast, mutig zu handeln?
- Wie genau hast du es in der Situation geschafft, mutig zu handeln?
- Welche Erkenntnisse nimmst du daraus für dich und für deine Zukunft mit?

Von Maria können wir lernen, dass mutig zu handeln, aus dem Gewohnten auszubrechen und Gott treu zu sein gleichzeitig möglich ist. Sie verwarf das Bild, das sie lange von sich selbst hatte. Ihr Lied sprengt auch das Bild, das die Kirchen lange Zeit von ihr zeichneten. Indem sie zu dem Boten Gottes sagte, es solle so geschehen, wie er es ihr verkündet habe, traf sie eine Entscheidung, die sie zunächst in den Augen der anderen schlecht dastehen lassen konnte. Mit der Bejahung dieser Schwangerschaft ging Maria ein Risiko ein. All das konnte sie, weil sie nicht an ihrem alten Bild von sich als »gering und unbedeutend« festhielt, sondern weil sie in der Kraft Gottes mutig wurde.

In diesem Kapitel habe ich erwähnt, dass Ängste zum echten Leben dazugehören und Angst zu empfinden nicht gleich bedeutet, dass wir nicht genug beten. Ich habe aber auch geschrieben, dass Angst die Bedingung für Mut ist, mit dem wir sie überwinden können. Was gilt denn nun? Sollen wir Ängste akzeptieren oder überwinden? Beides! Mut ist widersprüchlich. Mut ist gelebter Widerspruch. Mut ist Leben im Widerspruch. Und Mut sieht immer anders aus. Für manche kann dieses Kapitel eine Umarmung sein, die sagt »Du bist okay, so wie du bist. Deine Angst ist kein Tabu.« Für andere kann dieses Kapitel ein leichter Tritt in den Hintern sein, der sagt: »Du hast alles, was du brauchst. Probiere mal aus, was passiert, wenn du mutig handelst!« Für das, was dieses mutige Handeln im Einzelnen sein kann, hast du eben schon einiges an Inspiration erhalten. Vielleicht ist es der Anruf beim Hausarzt oder einer Psychotherapeutin, um die eigenen Ängste mit professioneller Hilfe aufzuarbeiten. Vielleicht ist es eine Entscheidung, die du schon seit einiger Zeit vor dir herschiebst und die es zu treffen gilt. Dieses Kapitel hat dir hoffentlich gezeigt, dass es nichts gibt, das du nicht mit Mut bewältigen kannst.

Meditationsübung: Dein Wohlfühlort

Wir machen uns nun zusammen wie Abraham und Maria auf zu einem sicheren Ort. Dort bist du willkommen, kannst deine Sorgen in Ruhe betrachten und ablegen. Vielleicht begegnest du dort Gott – in welcher Form auch immer. Abraham hatte eine besondere Gottesbegegnung auf seiner mutigen Glaubenswanderung an einer Eiche. Maria bekam bei und von ihrer Verwandten Elisabeth eine göttliche Ermutigung, die es ihr ermöglichte, zuversichtlicher auf ihre Schwangerschaft und alles Schwierige, was damit verbunden war, zu blicken. Dort, an diesem Ort, wurden ihre Sorgen und ihre Unsicherheit in Mut und ein neues Selbstbewusstsein verwandelt. Du kannst dir deinen sicheren Ort in deiner Vorstellung erschaffen und dorthin gehen, wenn du es brauchst. Du bleibst während dieser sogenannten Selbstimagination immer am Steuer, es ist kein Hokuspokus, sondern eine bewährte Methode, die ich in Uni-Seminaren zur Systemischen Pädagogik und Beratung kennengelernt habe. Am besten liest du dir den Text unten abschnittsweise durch oder lässt ihn dir vorlesen. Wenn du diese Meditation die ersten Male durchführst, bist du am besten an einem ungestörten Ort. Später kannst du dich dann mithilfe deiner Gedanken von überall aus auf den Weg zu deinem inneren Wohlfühlort machen.

An diesem Ort fühlst du dich mutig und selbstbewusst, kannst dich mit all deinen Gefühlen akzeptieren. Du erschaffst deinen inneren Wohlfühlort mit deiner Fantasie oder wählst einen Ort aus, den du kennst. Wenn etwas von dem, das du hier gleich liest, nicht zu dir passt, dann kannst du es einfach weglassen. Vielleicht ist dein Ort wie der von Abraham ein Baum oder ein anderer schöner Platz in der Natur. Vielleicht das Meer, das du rauschen hörst, oder eine gemütliche Liege in einem Garten, wo du den Duft von bunt blühenden Blumen riechen kannst. Oder ein ganz anderer Ort.

Lass verschiedene Orte an deinem inneren Auge vorbeiziehen und wähle den aus, bei dem du dich am wohlsten fühlst. Dafür darfst du dir die Zeit nehmen, die du brauchst.

Du bist an deinem Ort angekommen. Schau dich dort genau um und nimm alles wahr. Alle Farben, Formen, Geräusche, das Licht. Was siehst du? Nimm dir Zeit, alles wahrzunehmen. Was hörst du? Hat dein Ort eine eigene Melodie? Sauge alles Schöne, was du an diesem Ort finden kannst, auf wie ein Schwamm. Kannst du diese schönen Gefühle in deinem Körper spüren? Wo? Lege deine Hand dort hin und gebe den Empfindungen Raum.

Du kannst dir jetzt ganz detailliert ausmalen, dass du einen großen Kreis um deinen Ort ziehst. Von diesem Kreis aus wächst eine Schutzhülle empor wie bei einer Glasglocke. Du kannst von innen nach außen alles wahrnehmen, aber es kommt nichts in deinen Wohlfühlort, was dich stört. Es prallt einfach an der Schutzhülle ab. Nur das, was du in deine Schutzhülle hineinnehmen willst, kommt auch herein.

Wenn du möchtest, kannst du von deinem Wohlfühlort aus nun eine problematische Situation anschauen. Vielleicht das, was dir Sorgen bereitet oder Angst macht. Nimm dir Zeit und schau dir die Situation an. Es kann sein, dass du sie aus dieser neuen Perspektive ganz anders wahrnimmst als bisher. Möglicherweise erkennst du, dass die Situation gar nicht so angsteinflößend sein muss oder du sie nicht allein durchstehen musst. Vielleicht ist es auch etwas ganz anderes, das dir klar wird. Gib dir Zeit.

Nun kannst du deine Schutzhülle langsam wieder nach unten sinken lassen und dich von deinem Wohlfühlort verabschieden. Wenn du bereit bist, kannst du den Kreis öffnen. Dann kannst du in deinem Tempo von fünf bis eins rückwärts zählen. Jetzt, wenn du bei eins angekommen bist, kehrst du entspannt und zuversichtlich ins Hier und Jetzt zurück. Strecke und recke dich, schau dich langsam um und komme an.

Wenn du magst, kannst du dir nach der Meditation einen kurzen Moment nehmen und reflektieren: Wie geht es dir? Wie fühlt sich das Hier und Jetzt an? Mit manchen Gedanken, die du während der Meditation hattest, kannst du vielleicht nichts anfangen – dann dürfen sie gehen. Vielleicht ist dir aber auch etwas klar oder wichtig geworden, dann schreibe es dir am besten auf.

Diese Meditation kannst du üben. Je öfter du sie durchgehst, desto leichter wird es dir fallen, dich in Momenten, in denen du es brauchst, an deinen Wohlfühlort zu begeben. Ich habe mit dieser Meditation schon gefürchtete Besuche bei meiner Zahnärztin viel entspannter überstanden. Aber auch bei anderen konkreten Problemsituationen oder einfach in einem stressigen Alltag kann dir diese Übung helfen, Ruhe, Klarheit und Ermutigung zu finden.

Kapitel 5:

ÜBE(R) »MUTIVATOREN«

Nachdem wir nun geklärt haben, dass uns alte Glaubenssätze nicht vom Mutigsein abhalten dürfen und können, ist es Zeit, zu lernen, was uns hilft, mutige Entscheidungen zu treffen. In der Erzählung über Maria aus dem Lukasevangelium lassen sich die vier psychologisch erforschten Bedingungen des Mutes wiederfinden.

1. Die erste Bedingung des Mutes haben wir schon kennengelernt: Es ist die Angst.
2. Dann braucht Mut einen Zweck, der sich für einen sinnvoll anfühlt.
3. Zudem muss es die Möglichkeit geben, sich aktiv und frei für die mutige Handlung zu entscheiden.
4. Zuletzt gilt, dass man die mutige Handlung zwar als riskant, aber nicht als leichtsinnig einschätzt.[49]

Lass uns diese Bedingungen kurz am Beispiel von Maria durchgehen. Über ihre mögliche Angst haben wir schon viel gelernt.

Marias Mut hatte wohl den besten Zweck, den es je gegeben hat: Sie hat den Sohn Gottes geboren! Was das für sie bedeutete, können wir in ihrem Loblied nachlesen: Sie war diejenige, mit der

Gottes Verheißung endlich ins Leben fand, sie konnte etwas verändern, sie konnte zeigen, wie gut Gott ist.

Dafür hat sie sich entschieden, sie hat Gabriel, dem Boten Gottes, gesagt, dass alles so geschehen solle, wie er es ihr verkündet habe. Zwar lesen wir bei Lukas nichts davon, dass Gabriel Maria gefragt hat – wie das manchmal so ist mit großen Herausforderungen, die plötzlich in unserem Leben auftauchen –, aber Maria ließ sich die Entscheidung trotzdem nicht nehmen. Aktiv zu werden, kann uns selbst in unsicheren Situationen ein Gefühl der Kontrolle und damit Mut geben. Nicht verwechseln sollten wir allerdings mutige und leichtsinnige Entscheidungen, bei denen das Risiko schlicht zu groß ist. Ich glaube, dass Maria die Entscheidung für die außergewöhnliche Schwangerschaft nicht als leichtsinnig ansah, weil sie Gott auf ihrer Seite wusste. Es gibt also sowohl in biblischen Erzählungen als auch im Hier und Jetzt Dinge, die uns helfen können, mutig zu sein. Das sind mal gute Neuigkeiten!

Muti-was?

Viele Dinge, vor denen ich große Angst hatte, habe ich trotzdem gemacht. Unzählige Momente der Panik durchgestanden – wohl eher durchgeatmet. Oft habe ich mich dabei gefragt: »Warum tue ich das hier eigentlich, wenn ich doch jetzt auch gemütlich mit einem Buch zu Hause sitzen oder im Wald spazieren gehen könnte? Was hat mich nur geritten, dass ich hierzu Ja gesagt habe, und wie lange wird es dauern, mich davon zu erholen?« Passend zu diesen Gedanken habe ich einmal etwas gelesen, was ich interessant finde: Mut passiert nicht nur in den großen Momenten, also während des Bungee-Sprungs oder des Liebesgeständnisses. An diese mögen wir uns zwar eher erinnern, aber es gibt da eine viel natürlichere

Form von Mut.[50] Gerade weil sie so natürlich und in unser Sein eingewoben ist, bemerken wir sie oft nicht unbedingt.

Dieser Mut geschieht in den kleinen Momenten vor und nach dem großen Ereignis. Dann, wenn du nicht darüber nachdenkst, sondern einfach machst. Auch dann, wenn du dich zaghaft entschließt. Dann, wenn es eigentlich nicht mehr geht und du trotzdem weitermachst. Und vor allem in jedem Gedanken und Gespräch, das du der großen mutigen Sache im Anschluss widmest. Ich finde, das klingt logisch. Zumindest für mich, wenn ich mich in Situationen wiederfinde, die sich eine Nummer zu groß für mich anfühlen. Damit habe ich endlich die Antwort auf die Frage, die sich mir dann immer stellt: Ich bin hier in dieser Lage, weil ich bereits mutig war. Mit diesem Gedanken im Hinterkopf finde ich dann auch hoffentlich noch den Mut, um weiterzumachen.

Ich habe da aber noch eine andere Theorie über diese rätselhafte Lücke, die zwischen Angst und dem Trotzdem zu liegen scheint. Die Idee dazu kam mir, als ich noch einmal über meine Nicht-Diagnose verschiedener Ängste nachdachte. Meine Motivation, die Dinge, die mir Angst machten, trotzdem zu tun, lag darin, dass es mir das wert war. Entweder die Aktivität selbst war mir die Aufregung wert oder das Ergebnis. Das war und ist meine Motivation zum Mutigsein – oder auch meine »Mutivation«. Um meine Theorie noch weiter zu stützen, habe ich dann ganz konkret über einige Beispiele aus meiner Vergangenheit und Gegenwart nachgedacht und überlegt, was meine »Mutivation« war, die Angst zu überwinden. Dabei wiederholten sich einige Gründe. Sie habe ich dann liebevoll »Mutivatoren« genannt. In diesem Kapitel beschäftigen wir uns mit diesen »Mutivatoren« und damit, wie wir unsere Ängste überwinden können.

Vielleicht geht es dir wie mir und du wunderst dich darüber, dass du dich selbst immer wieder in herausfordernde Situationen bringst. Dann wirst du in diesem Kapitel mögliche Gründe dafür lernen, sodass du in Zukunft besser entscheiden kannst, welche Erfahrung oder welches Ergebnis es dir wert ist, deine Ängste zu überwinden. Vielleicht stehst du auch gerade vor deiner Angst wie vor einer tiefen Schlucht, die sich nicht überqueren lässt. Wenn du noch irgendwo zwischen deiner Angst und deinem Trotzdem feststeckst, dann schenkt dir dieses Kapitel hoffentlich Klarheit über deine »Mutivatoren« und darüber, dass es sich lohnt, Ängste zu überwinden.

Das wertvollste Trotzdem

Ich bin keine Psychologin – aber Theologin. Und als solche fällt mir zur Frage »Wie überwinde ich meine Angst?« als Erstes eine Erzählung aus der Bibel ein. In dieser Erzählung fürchtete sich jemand so sehr – ach, was schreibe ich – hatte jemand schiere Panik, sodass er Blut schwitzte. Es geht nicht um irgendjemanden, es geht um Jesus Christus.

Er wusste, dass er bald für sein aufsehenerregendes Leben verhaftet, angeklagt, gefoltert und getötet werden würde. Das waren keine schönen Aussichten! Nachdem er mit den Jüngern ein letztes Ma(h)l gegessen hatte, gingen sie alle gemeinsam zu ihrem Quartier für die Nacht: einem Olivenbaum-Garten am Ölberg. Dort war gerade nicht viel los, da keine Erntezeit war, und so konnte Jesus mit seinen Freunden dort unterkommen. Vielleicht stand eine kleine Hütte auf dem Grundstück oder es gab eine Grotte, in der sie vor der Kälte geschützt schlafen konnten. Sie waren jedenfalls schon öfter dort gewesen. Das bot sich an, denn der Ölberg liegt ganz in der Nähe der Stadt Jerusalem, wo in wenigen Tagen das Passahfest, eines der wichtigsten jüdischen Feste, stattfinden sollte.

Ich verbinde mit diesem Ort seit meiner Israel-Reise eine heute touristisch erschlossene Stelle am Fuß des Berges. Ob sich der Garten, der in den Evangelien erwähnt wird, an genau dieser Stelle befunden hat, kann nicht eindeutig gesagt werden. Festhalten können wir aber: Das, was Jesus dort erlebt hat, war ein Tiefpunkt. Seine Gefühle waren so ganz anders als die, die die Menschen oben in der Stadt Jerusalem vor dem großen Fest hatten. Bei ihm war keine Vorfreude, keine Dankbarkeit, keine Aufregung, kein wohliges Ich-bin-Gott-nahe-Gefühl.

Schon im zweiten Vers der Erzählung lesen wir bei Markus: »Angst und Entsetzen überfielen Jesus, und er sagte zu ihnen: ›Ich zerbreche beinahe unter der Last, die ich zu tragen habe. Bleibt hier und wacht mit mir!‹« (Markus 14,33b-34). Was dann folgte, war dramatisch: Es war vollkommen dunkel, die Männer waren allein zwischen knorrigen Olivenbäumen. Jesus ging noch ein paar Schritte weiter. Es wurde immer dunkler. Auch in ihm. Er hoffte, dass ihn seine Freunde in dieser Situation nicht alleinlassen würden. Es fühlte sich so an, als wären sie die Einzigen, die noch für ihn waren. Selbst Gott, sein Abba, sein Papa, schien ihn alleinzulassen. Trotzdem betete Jesus: »Abba, Vater, alles ist dir möglich. Lass diesen bitteren Kelch des Leidens an mir vorübergehen. Aber nicht was ich will, sondern was du willst, soll geschehen.« (Markus 14,36) Gab es irgendeinen Weg, dass das nicht passieren würde? Konnte man das nicht irgendwie umgehen? Diese eine Sache, die so wichtig und unausweichlich war, die aber schiere Panik auslöste. Ich spreche hier nicht von einem Zahnarztbesuch oder einer Klausur, ich spreche von Verhaftung, Anklage, Verurteilung, Folter, Ermordung. Komplette Selbstaufgabe in psychischer wie körperlicher Hinsicht.

Ich glaube, ich wäre an Jesu Stelle geflohen! Das wäre tatsächlich eine Option gewesen, und zwar nicht nur als eine der drei typischen Reaktionen bei Angst: *fight, freeze* oder eben *flight*. Nein, der Ölberg, an dem der Garten Gethsemane liegt, war der Startpunkt einer bekannten Fluchtroute aus Jerusalem. Hatte Jesus sich diesen Ausweg bis zum Schluss offengehalten? Ich könnte es verstehen! In ihm muss ein Kampf getobt haben. Er wusste, er würde das nicht überleben. Genauso bewusst war ihm sicher auch, dass genau das der Plan war. Aber alles in ihm kämpfte gerade gegen diesen Plan an. Lukas schreibt, dass Jesus Blut schwitzte. Das ist biologisch tatsächlich möglich, hat aber noch eine tiefere Bedeutung: Das hebräische Wort für Ölpresse ist dem Namen des Gartens Gethsemane sehr ähnlich.[51] Jesus muss so unter Druck gestanden haben wie die Oliven, die zu Öl verarbeitet wurden.

Und was taten seine Jünger in dieser absoluten Notsituation? Sie schliefen! Jesus bat sie zweimal, mit ihm zu wachen, aber sie flohen in den Schlaf. Möglicherweise hielten sie den Druck, die Traurigkeit und die Dunkelheit, die in dieser Nacht in diesem Olivenbaum-Garten herrschten, nicht aus. Davon ist Jesus, der hier immerhin am meisten zu befürchten und zu leiden hat, maßlos enttäuscht. »Er weckte Petrus. ›Simon‹, rief er, du schläfst? Konntest du denn nicht eine einzige Stunde mit mir wachen?‹« (Markus 14,37b). Die Enttäuschung steckt noch in den Worten drin, die Markus aufgeschrieben hat. Vom engsten Vertrauten in der größten Notsituation alleingelassen zu werden, muss wehtun! Jesus wendete sich dann allen Jüngern noch einmal zu. Auch sie waren eingeschlafen – schon zweimal. Jesus sagte: »Bleibt wach und betet, damit ihr der Versuchung widerstehen könnt. Ich weiß, ihr wollt das Beste, aber aus eigener Kraft könnt ihr es nicht erreichen« (Markus 14,38). Ob da wohl ein bisschen Resignation in Jesu Stimme gelegen hat? Oder eher Mitgefühl für seine Freunde? Er wendete sich jedenfalls von ihnen ab, um noch einmal zu seinem Papa zu beten. Was dann passierte, entzieht sich erst mal jeder Logik:

Als er zum dritten Mal zu ihnen zurückkehrte, sagte er: »Ihr schlaft immer noch und ruht euch aus? Genug jetzt! Die Stunde ist gekommen: Der Menschensohn wird den gott-losen Menschen ausgeliefert. Steht auf, lasst uns gehen! Der Verräter ist schon da.«

Markus 14,40–42

Wie war das jetzt passiert? Aus Verzweiflung, Einsamkeit und Todesangst war Entschlossenheit geworden? Ja, Jesus hatte seine »Mutivatoren« gefunden.

Wenn wir den Bibeltext nicht nur theologisch, sondern auch psychologisch betrachten, lässt sich erkennen, was Jesus bei der Überwindung seiner Todesangst geholfen hat.

Lass uns zunächst einmal festhalten, dass nirgendwo sonst in der Bibel so deutlich davon erzählt wird, dass Jesus Angst hat-te, wie in diesem Abschnitt der Evangelien. Ich weiß nicht, ob es fair ist, Ängste miteinander zu vergleichen, aber ich glaube, ich hatte wohl noch nie solche Angst, wie Jesus sie in den Texten zugeschrieben wird. Wenn Gott (zugegeben in seiner Rolle als Mensch) solch große Angst hatte, müssen seine »Mutivatoren« dann nicht auch gewaltig gewesen sein? Mit dieser Frage habe ich mich im Text auf die Suche gemacht und gleich zwei »Muti-vatoren« gefunden.

Der erste ist sein Gebet. Jesus nahm sich zweimal Zeit, um allein im inneren Gespräch mit Gott über die Situation zu reden. In diesen Gebeten gab Jesus seinen eigenen Gefühlen von Angst und Ohn-macht Raum und erinnerte sich gleichzeitig daran, dass Gott alles möglich war und ist. Für Scham war kein Platz (und auch keine Zeit), und so äußerte Jesus auch seinen sehnlichsten Wunsch, der aus unserer Perspektive vielleicht etwas überraschend ist. Jesus wollte nicht sterben.

Hast du jemals bei irgendetwas in letzter Sekunde einen Rückzieher gemacht, obwohl du dir vorher ganz sicher warst, es durchzuziehen? Ich schon und ich fand, dass es ein bisschen was Beschämendes hatte. Aber Jesus wurde in seinem Gebet ehrlich. Schon darin zeigt sich, welche Beziehung er zu Gott hatte: Sie war geprägt von Vertrauen. Vielleicht hat sich Jesus genau daran erinnert, als er sagte: »Lass diesen bitteren Kelch des Leidens an mir vorübergehen.« Denn den nächsten Satz, den Jesus dann sagte, kann man nur zu jemandem sagen, dem man wirklich vertraut: »Aber nicht was ich will, sondern was du willst, soll geschehen.« Mit anderen Worten: »*Du* entscheidest, nicht ich.«

Viele Menschen, die vor mir diese Stelle ausgelegt haben, lesen hier zwischen den Zeilen Gehorsam. Ich sehe da nur Vertrauen, aus dem auch eine Hoffnung wachsen kann, dass das Kommende durchgestanden werden kann. Die Theologin Thea Vogt erklärt, warum genau Hoffnung und Vertrauen statt Gehorsam hier so wichtig sind:

> Die positiven Emotionen sind »Atempausen« in der beständigen Konfrontation mit Bedrohung und Angst. Sie [die Hoffnung] macht es möglich, die Situation neu einzuschätzen. Sie braucht nicht mehr nur als Willkür der Feinde und Henker bewertet zu werden, die einen grausamen Tod bringen, sondern als Situation, die mit der Macht Gottes durchlebt werden kann.[52]

In dem Vertrauen auf Gott, an das sich Jesus möglicherweise im Gebet erinnerte, steckt auch Kontrolle, die er so zurückgewinnt. Die Hoffnung kann stark machen, dem Gefürchteten nicht auszuweichen, sondern gerade darauf zuzugehen und es durchzustehen. Ganz genau so, wie Jesus es tat, als er seine Jünger aufforderte, nun wirklich mal aufzuwachen und mit ihm den Garten zu verlassen.

Den zweiten »Mutivator« fand Jesus nach seinen Gebeten. Es waren seine Freunde, die, wie von Traurigkeit erschlagen, schlafend im Garten lagen. Sie können stellvertretend für alle Menschen gesehen werden. Ich selbst fühle mich angesprochen, wenn Jesus seinen Jüngern sagte, dass sie zwar das Beste wollen, es aber aus eigener Kraft nicht erreichen können. Würde ich mich nur auf meine eigene Kraft verlassen oder würde ich meinen Gedanken immer alles glauben, würde ich auch irgendwann völlig erschöpft zwischen ein paar Bäumen liegen. Ich stelle mir das also so vor, dass Jesus, als er die Jünger wiederholt schlafend vorfand, ab einem gewissen Punkt nicht mehr so enttäuscht von ihnen war. Vielmehr hatte er Mitgefühl für sie und erinnerte sich an seine Beziehung zu ihnen. Genau für sie war er Mensch geworden. Für sie würde er sterben. Die Menschen waren Jesu zweiter »Mutivator«.

Mit diesen beiden gewichtigen »Mutivatoren« konnte Jesus die Entscheidung treffen, seiner Angst entgegenzugehen, anstatt vor ihr zu fliehen. Im Gegensatz zu den Jüngern, die von den eintreffenden Feinden Jesu aus dem Schlaf gerissen wurden, hatte Jesus ein klein bisschen Kontrolle über die Situation und damit auch über seine Angst gewonnen, indem er sich bewusst für diesen Weg entschieden hatte – mit dem Vertrauen und der Hoffnung auf Gott und dem Mitgefühl für die Menschen.

Aus dieser Erzählung können wir lernen, dass es zum Menschsein dazugehört, Angst zu haben, wir damit aber nicht allein sind. Jesus kennt das Gefühl von Panik. Er unternahm dagegen viele aus psychologischer Sicht hochwirksame Dinge.[53] Er bat seine Freunde um Beistand. Er schlief selbst nicht, sondern blieb wachsam, reflektierte also die Situation. Er betete und gewann dadurch eine neue, mutmachende Perspektive auf seine Angst. Er wich der Bedrohung nicht aus oder ließ sie einfach auf sich zukommen, sondern entschied sich bewusst, ihr entgegenzugehen. Er webte sie in seine Identität ein, denn er war der Menschensohn. Und auch wir waren und sind sein »Mutivator«.

Jesus hatte Angst, bevor er gckreuzigt werden sollte, und hat es trotzdem gemacht. Für dich. Du bist sein »Mutivator«. Die Liebe zu dir war stärker als seine menschliche Angst vor unmenschlichen Qualen. In diesem Wissen können wir jetzt unsere Ängste angehen.

Nicht, weil wir Jesus jetzt etwas schulden, sondern weil wir unseren Wert kennen. Du bist viel zu wertvoll, um dein Leben unter die Herrschaft von Ängsten und Sorgen zu stellen! Aber auch nicht, weil du jetzt frei bist – ob es sich so anfühlt oder nicht. (Mich hat dieser Zuspruch vom Kreuz immer etwas unter Druck gesetzt, nach dem Motto: »Du bist frei, also fühl dich gefälligst auch so!«) Sondern weil du einen Gott kennst, der deine Ängste kennt. Du bist nicht allein! Und da ist jemand, der die größte und tiefste Angst schon durchgestanden hat.

An genau das erinnert mich auch ein besonderes Lied. Es gab in meinem Leben einige einschüchternde Situationen. Manche davon versetzten mich kurzzeitig in Panik – wie zum Beispiel eine Wanderung in den Bergen, bei der der Weg immer schmaler und der Abhang immer steiler wurde. Diese Art von Angst war aber vorübergehend und ihr Auslöser vermeidbar (seitdem bin ich tatsächlich nicht mehr in den Bergen gewesen, was eigentlich schade ist.) Dann gab es da aber auch Situationen, die länger andauerten und nicht wirklich zu umgehen waren. Davon habe ich dir im Kapitel zuvor schon erzählt. Was mir in dieser Zeit und auch danach in Momenten der Angst immer wieder geholfen hat, war ein bestimmtes Lied. Zum ersten Mal gehört habe ich es auf einem dieser typischen christlichen Frauen-Events. Es ist »You Make Me Brave« von Amanda Cook. In der Bridge des Liedes singt sie:

You make me brave
you make me brave
no fear can hinder now the love that made a way[54]

Vielleicht hatte sie einen ähnlichen Gedanken, als sie den Text für diesen Song schrieb, wie ich ihn eben schon mal versucht habe zu formulieren. Es gibt da eine Liebe, die menschlich unmenschlich gelitten hat, damit ich in meiner Angst nicht allein bin und wissen darf, dass diese Liebe stärker ist als alles, was mir Angst macht.

Tu es trotzdem: Was ist Vermeidungslernen?

»Am liebsten würde ich zu Hause bleiben.« Das habe ich schon so oft in meinem Leben gedacht. Vor Sleepovers bei Freundinnen, am Morgen im Bett, wenn ein langer Schultag anstand, vor Besuchen bei meiner Zahnärztin und nicht zuletzt als nach zahlreichen Lockdowns das Leben in Präsenz weitergehen sollte. In meinem Kopf wetteiferten verschiedene Horrorszenarien miteinander. Daran, dass es in Wirklichkeit vermutlich gar nicht so schlimm werden oder sogar gut für mich sein würde, konnte ich gar nicht denken. Da war nichts Positives in meinem Kopf wie: »Die Übernachtungsparty könnte ja auch total schön werden und wir werden uns bestimmt immer gern daran zurückerinnern.« »An einem langen Schultag werde ich sicher viel lernen.« »Die Vorsorge bei der Zahnärztin dient mir mehr, als dass sie mir schadet.« »Na ja, der Weg zurück ins normale, schnelle, laute Leben nach den Lockdowns fällt mir zwar schwer, aber er ist notwendig.«

Wir können nicht nur zu Hause in unserer Komfortzone hocken und uns Sorgen machen über die Welt da draußen. Doch etwas in meinem Inneren wollte all das nicht glauben und wehrte sich: »Ich bleibe schön zu Hause! So viel Gutes kann gar nicht passieren, dass sich das lohnen würde, heute dorthin zu gehen!« Als Argumente für diese steile These lieferte mir mein innerer Stubenhocker im Anschluss direkt Situationen, die ich als ganz schrecklich in Erinnerung hatte. Dazu gehörten zum Beispiel Nächte in der oberen Etage des wackeligen Stockbetts meiner Grundschulfreundin, in denen ich gefühlt kaum ein Auge zugetan hatte. Aber auch meine vorwurfsvolle und gnadenlose erste Zahnärztin tauchte lebhaft vor meinem inneren Auge auf. Weshalb man die Schule fürchtet, muss ich nicht weiter erklären, oder? Aber in Bezug auf die Lockdowns wird es tricky: Eigentlich sehnte ich mich wie die meisten anderen in den normalen Alltag zurück, aber da gab es ja noch JOMO.

JOMO steht für *Joy Of Missing Out* und beschreibt das wunderbare Gefühl, das sich in einem breitmacht, wenn man einen Termin oder eine Verpflichtung, auf den bzw. die man wirklich keine Lust hat, absagt. Für mich fühlt es sich dann so an, als ob eine riesige Last von meinen Schultern fällt, ich aufatmen und meine Zeit für etwas Schöneres verwenden kann. So ähnlich ging es mir, als wir nach den ersten vorsichtigen Versuchen der Präsenzlehre im Winter 2021 wieder ins Homeoffice geschickt wurden. Diese Reaktion wunderte mich total, denn eigentlich liebte ich es, an der Uni zu sein, und hatte im ersten Lockdown oft darüber geklagt, wie schlecht es sich in Isolation studieren lässt. Aber Uni war nicht mehr gleich Uni. Rausgehen war nicht mehr gleich Rausgehen. Leben war nicht mehr gleich Leben. Über Monate hinweg wurde uns allen regelmäßig erklärt, wie gefährlich unser Alltag geworden sei. Ich hatte Angst. Ich hatte gelernt, Angst zu haben. Angst davor, mich anzustecken, und davor, Menschen in meinem Umfeld in ernsthafte Gefahr zu bringen. Psychologisch kann man aber noch genauer sagen: Ich hatte eine Reaktion gelernt. Was das bedeutet und wie das Ganze mit den Argumenten meines inneren Stubenhockers zusammenhängt, erkläre ich dir jetzt.

Von Hunden und Ratten

Zu meinem Lehramtsstudium gehörte auch ein kleiner Teil Psychologie, was mich sehr freute. In der Vorlesung im zweiten Semester lernten wir psychologische Grundlagen – dazu gehörte auch die sogenannte Konditionierung mit ihren Unterthemen Vermeidungslernen und Bestrafung. Darüber Bescheid zu wissen ist wichtig, wenn du dein eigenes Verhalten besser verstehen willst. Deshalb folgt jetzt eine kleine Einführung in die Psychologie des Konditionierens.

Vielleicht hast du schon einmal vom Pawlowschen Hund gehört. Darunter versteht man ein ganz bestimmtes Experiment, das der russische Mediziner Iwan Petrowitsch Pawlow 1905 durchgeführt hat. Er konnte damit beweisen, dass zwei eigentlich voneinander unabhängige Reize gekoppelt werden können. Der Prozess dieser Kopplung wird klassische Konditionierung genannt.

Ursprünglich forschte Pawlow zu dem Zusammenhang von Speichelfluss und Verdauung. Dann fiel ihm bei seinen Hunden, die er für seine Forschung in Zwingern hielt, auf, dass sie bereits heftig anfingen zu sabbern, wenn sie die Schritte des Menschen hörten, der sie gleich darauf füttern würde. Das wollte Pawlow genauer untersuchen. Selbstverständlich wird der Speichelfluss angeregt, wenn ein Hund Futter sieht. Dieses natürliche Phänomen bezeichnete Pawlow als unkonditionierten Reiz. Daneben gibt es noch neutrale Reize, wie zum Beispiel das Klingeln einer kleinen Glocke. Dieses Klingeln löste bei dem Hund keine besondere, also eine normale Reaktion aus. Nun zu dem Teil, where the magic happens: zur Konditionierung. Pawlow klingelte mit der Glocke und gab dem Hund, der schon ordentlich am sabbern war, dann Futter. Nachdem Pawlow dieses Programm eine Zeit lang durchgezogen hatte, brauchte er nur noch mit der Glocke zu klingeln und es lief dem Hund der Sabber aus dem Maul. Das Klingeln der Glocke reichte schon aus, um den Speichelfluss des Hundes anzuregen – es war kein Futter dafür notwendig. Man spricht von einem konditionierten Reiz und einer konditionierten Reaktion. Das Sabbern wurde dem Hund quasi antrainiert.[55]

Es gibt noch eine weitere Form der Konditionierung. Vielleicht hast du selbst dieses Prinzip schon angewendet, falls du einen Hund oder ein sehr schlaues Kaninchen hast, dem du Tricks beigebracht hast. Die operante Konditionierung wurde 1930 von dem amerikanischen Psychologen Burrhus F. Skinner entwickelt. Es geht darum, ein erwünschtes Verhalten zu verstärken, indem man es belohnt, und ein unerwünschtes Verhalten zu schwächen, indem man es bestraft. Je nachdem, welche Reaktion erreicht werden soll, müssen verschiedene Reize ausgeübt werden.

Bei Skinners Experimenten mussten Ratten herhalten. In drei Käfigen befand sich jeweils eine Ratte und je ein Hebel, der ganz unterschiedliche Dinge in Gang setzte. Wenn die Ratte im ersten Käfig ihren Hebel betätigte, bekam sie Futter. Voll nett! Ausgesprochen freundlich war auch, dass die Ratte im zweiten Käfig mit ihrem Hebel den Strom abschalten konnte, der sonst durch den Käfig floss. Bei der Ratte im dritten Käfig wurde es im Gegenteil dazu ungemütlich, sobald sie den Hebel betätigte: Sie bekam einen Stromschlag. Und jetzt rate mal, in welchen Käfigen die Hebel am häufigsten betätigt wurden? Richtig, in den ersten beiden! Denn dort konnte durch die Reaktion (Hebel betätigen) entweder ein positiver Reiz (Futter) hinzugefügt oder ein negativer Reiz (Strom) entfernt werden. Diese Konsequenzen verstärkten also das Verhalten der Ratten. Weil entweder etwas Gutes passierte oder etwas Schlechtes nicht mehr passierte, wiederholten sie ihr Verhalten.[56]

Kannst du schon erahnen, worauf das hier hinausläuft? Falls nicht, mach dir keine Sorgen! Jetzt, da du die Grundlagen kennst, können wir uns mit dem Vermeidungslernen beschäftigen und finden gleich heraus, warum es heißt, dass man direkt, nachdem man vom Pferd gefallen ist, wieder aufsteigen und weiterreiten soll.

Leider müssen die Hunde für unsere Forschungszwecke noch einmal herhalten – beziehungsweise nicht für unsere, sondern für die von den Forschern Solomon und Wynne im Jahr 1953. Sie sperrten Hunde in einen Käfig mit zwei Kammern. Diese waren durch eine niedrige Absperrung voneinander getrennt. Auf der einen Seite der Absperrung konnte der Boden unter Strom gesetzt werden. Jedes Mal, bevor dies geschah, ging auf dieser Seite das Licht aus. Freundlicherweise wurde der Boden in der zweiten Kammer nicht unter Strom gesetzt, sodass die Hunde über die Absperrung auf die andere Seite springen und dem Stromschlag entfliehen konnten. Es dauerte nicht lange bis die meisten Hunde verstanden hatten, dass, kurz nachdem das Licht ausging, ihnen der Boden Elektroschocks verabreichte. Also sprangen sie über die Absperrung, sobald das Licht ausging.[57]

In diesem Versuch kamen sowohl die klassische Konditionierung (sabbernder Hund) als auch die operante Konditionierung (Ratten und Hebel) zum Einsatz. Zuerst wurden die Reize Dunkelheit und Elektroschock gekoppelt, sodass die Hunde automatisch Angst bekamen, sobald das Licht ausging. Die Konsequenz auf diese Reaktion war die Flucht in den Teil des Käfigs, der hell und nicht unter Strom gesetzt war. Dadurch beendeten die Hunde selbst ihre Angst und lernten, der Dunkelheit aus dem Weg zu gehen, weil sie sie mit schmerzhaften Elektroschocks verbanden. Die Hunde würden also auch zukünftig jedes Mal über die Absperrung springen, wenn das Licht ausgeht – egal ob man danach immer noch den Boden unter Strom setzen würde oder nicht. Es hatte sich in das Gedächtnis der Hunde eingebrannt, dass es besser war, vor der Dunkelheit auf die andere Seite zu fliehen.

Forschende fanden heraus, dass sich diese antrainierte Reaktion im Vergleich zu anderen antrainierten Reaktionen nur sehr schwer wieder löschen lässt. Das ist das große Problem des Vermeidungslernens. Es entstand in unserem Beispiel, weil die Hunde während des Versuchs zwei Erwartungen entwickelten:

1. »Wenn es dunkel wird und ich über die Absperrung springe, bekomme ich keinen Elektroschock.«
2. »Wenn es dunkel wird und ich nicht über die Absperrung springe, bekomme ich einen Elektroschock.«

Erst wenn eine dieser beiden Erwartungen nicht mehr eintreffen würde, würden die Hunde ihr Verhalten ändern. Da die Hunde aus Angst aber immer über die Absperrung sprangen, trat die erste Erwartung immer ein und die zweite Erwartung konnte nicht geprüft werden. Die Angst blieb, das Verhalten, mit dem das Gefürchtete vermieden werden sollte, auch. Und genau dieses Phänomen wird Vermeidungslernen genannt.

Die Forschenden wollten aber bei diesen Erkenntnissen nicht stehen bleiben, sondern herausfinden, wie das Vermeidungsverhalten gelöscht werden kann. Dazu wiederholten sie denselben Versuch mit Ratten. Das war die erste Phase des Versuchs. In der zweiten Phase wurde das Licht ausgeschaltet, aber es gab keinen Stromschlag und auch keine Möglichkeit zu fliehen. Nach einigen Durchgängen lernten die Ratten dann, dass sie nicht mehr vor der Dunkelheit fliehen müssen, weil diese nichts Schlimmes mehr ankündigte.[58]

Gehen oder Bleiben?

So viel zur Theorie mit den Tieren. Aber wie genau wenden wir das jetzt auf unser Leben an?

Ich weiß nicht mehr genau, wann ich zum ersten Mal vom Vermeidungslernen gehört habe. Was ich aber noch ganz sicher weiß, ist, wann ich zum ersten Mal selbst stark dagegen angekämpft habe. Eben habe ich es schon angedeutet: Im Winter 2021 wurden wir wieder in die Distanzlehre verbannt und ich hätte nicht erleichterter sein können. Die Adventszeit stand bevor und so schmückte ich mein Homeoffice mit Lichterketten, kochte mir jeden Morgen eine große Kanne meiner Lieblingswinterteesorte und machte es mir mit einem Wärmekissen vor dem Bildschirm gemütlich. Es fühlte sich an wie purer Luxus. Umso schwieriger war es dann für mich, als die Pandemie wieder abflachte und wir zurück in die Uni sollten. Es behagte mir irgendwie nicht. Zu Hause zu bleiben wurde bei mir während der Lockdowns so sehr mit einem Gefühl von Sicherheit gekoppelt, dass ich dadurch Angst bekam, wenn ich nur daran dachte, bald wieder den ganzen Tag unterwegs sein zu müssen! Zugegeben, ich bin von meiner Persönlichkeit her nicht gut gewappnet gewesen gegen diese Kopplung. Als introvertierter Mensch geht es mir zu Hause, dort, wo ich meine Ruhe habe, sowieso am besten und alles, was woanders und unter vielen Menschen stattfindet, bedeutet für mich Anstrengung bis hin zu purem Stress. Es fiel meiner Psyche also nicht schwer, die Gleichungen aufzustellen: Rausgehen = Gefahr => Drinbleiben = Sicherheit.

Zu Beginn der Pandemie aus guten Gründen entwickelt, mutierten diese Gleichungen nach und nach mit dem Virus zu einer Angst. Jedes Mal, wenn ich dann doch nicht zurück in den vollen Alltag musste, wurde sie gefestigt. Denn die JOMO, das gute Gefühl, das sich einstellte, wenn ich es mir in meinen eigenen vier Wänden wieder gemütlich machen konnte, verstärkte die Angst. Meine Psyche belohnte mich dafür, dass ich auf die Angst gehört hatte. Das machte es beim nächsten Mal nur noch schwieriger, nicht auf die Angst zu hören, sondern dem Mut zu glauben.

Es gab dann, nachdem der kurze Uni-Lockdown im Winter vorbei war, einige Tage, an denen alles in mir schrie, dass ich zu Hause bleiben sollte. Dabei gab es dafür keinen logischen Grund – wie in Phase zwei des Ratten-Experiments: Der Strom war längst abgestellt! Doch genau so, wie die Ratten Dunkelheit und Stromschläge fest miteinander verknüpft hatten, konnte meine Psyche das Rausgehen nicht mehr von dem Gefühl der Bedrohung lösen. Zum Glück durchschaute ich schnell, was da in mir passierte, und konnte gegensteuern. Glaube aber ja nicht, dass mir das leichtgefallen ist! Immer wenn sich in mir, bevor ich zur Uni fahren musste, ein mulmiges Gefühl anbahnte, wusste ich: Heute muss ich aufpassen! Ich muss auf jeden Fall meine Angst überwinden und mich in dieses (eigentlich ja auch wirklich interessante) Seminar setzen, denn sonst würde die Angst nur schlimmer werden! Mit jedem Nachgeben, mit jedem Zuhausebleiben, mit jedem erleichterten JOMO-Gefühl wurde meine Angst stärker. Gleichzeitig schwanden, wenn ich zu Hause blieb, natürlich die Gelegenheiten, meiner Angst zu beweisen, dass draußen gar keine Gefahr mehr herrschte. Ein echter Teufelskreis: Ich hatte Angst, also ging ich nicht. Ich ging nicht, also bestätigte ich meine Angst. Das ist Vermeidungslernen. Ich war ein Musterbeispiel für das Vermeidungslernen.

Tja, was habe ich also gemacht, als die Angst mich überkam? Ich bin nicht zu Hause geblieben, ich bin rausgegangen. Mit Bauchschmerzen, mit klopfendem Herzen und mit noch ein bisschen mehr Angst durch diese Signale meines Körpers. Ich wusste aber, dass ich all den Gefühlen und Signalen nicht trauen konnte und dass es in Wahrheit gar nicht so schrecklich sein würde in der Uni. War es auch nicht! Keine meiner Sorgen konnte, als ich dann einmal draußen war, bestätigt werden. Es war am Anfang wirklich nicht einfach, aber es wurde von Mal zu Mal leichter. Ich entschied mich gegen die Angst und für mein Leben in Präsenz. Was mir damals noch nicht klar war: Ich entschied mich auch für den Mut – mit jedem einzelnen Schritt, den ich tat.

Damals konnte ich nur auf die Angst schauen. In meinem Kopf kreisten die Gedanken um ihre überzeugenden Argumente. In meinem Körper lärmten alle Alarmsignale. Da war keine Spur von Mut! Da gab es nur ein Trotzdem!, das mich in die Uni schickte und sicher wieder nach Hause brachte. Ich hatte Angst, aber ich ging trotzdem. So könnte auch der Titel meiner Biografie lauten, sollte es einmal zu einer kommen. Aber Spaß beiseite – diese Einstellung hat mir immer wieder geholfen, nicht in meiner Angstzone stehen zu bleiben, sondern mich nach draußen zu wagen. Wie das funktioniert hat, liest du jetzt.

Zwischen Angst und Mut: die Werte hinter deinem Trotzdem

Denk an eine Heldenfigur, die dich inspiriert. Was hat sie zur Heldin oder zum Helden gemacht? Welche ihrer Worte oder Taten sind in die Geschichte eingegangen? Glaubst du, das war einfach, die Welt zu verändern? Glaubst du, dass diese Menschen nur erfüllt waren von Mut, dass da kein bisschen Angst in ihnen zu finden war?

Der größte christliche Held, den ich kenne, hatte verdammt viel Angst. Er hat Blut, Schweiß und Tränen vergossen, als er seine Mission antrat. Ich spreche von Jesus im Garten Gethsemane. Wie seine Geschichte von Mut und Angst ausging, weißt du ja bereits. Sie wurde zum größten Trotzdem, das ich mir vorstellen kann. Dabei finde ich es so beeindruckend, dass selbst Gott Angst hatte. Wir Menschen – klar, wir fürchten uns ständig. Aber Gott? Das rückt die Aussage von Nelson Mandela, der gesagt hat, dass Mut nicht die Abwesenheit von Angst ist, noch mal in ein anderes Licht.

Es zeigt mir, dass Angst immer da ist und zum Menschsein dazugehört. Denn auch Gott hatte Angst, als er Mensch war. Die Frage, die jetzt noch bleibt, ist: Wie schaffen wir es, mit der Angst und trotz der Angst mutig zu leben?

Wenn du dich bisher noch nicht mutig gekannt hast, dann hoffentlich, nachdem du dieses Kapitel gelesen hast! In meinem ersten Buch »Stilles Strahlen« erzähle ich von einer Reise nach Berlin, die mich sehr viel Mut gekostet hat. Ich gab dem Kapitel die Überschrift »Auf der anderen Seite der Angst«. In meiner Vorstellung war die Angst ein breiter Fluss oder eine tiefe Schlucht und nicht leicht zu überqueren. Das Bild lässt sich nicht nur auf meine Angst vor einer Reise in die Hauptstadt, sondern auch auf jede andere gefürchtete Situation anwenden. Ich für meinen Teil war mir nicht immer sicher, ob es sich überhaupt lohnen würde, den Fluss zu überqueren und die andere Seite zu entdecken. Immerhin kam ich auf meiner Seite auch ganz gut zurecht. Mir fehlte eigentlich nichts. Ich hatte es mir zwischen meinen Sorgen auf der mir vertrauten Seite des Angst-Flusses sogar richtig gemütlich gemacht. Warum also das Abenteuer wagen und versuchen, auf die andere Seite zu gelangen? Wenn ich nur bestimmte Dinge tat und andere tunlichst vermied, ging es mir doch dort, wo ich war, ziemlich gut. Okay, am Anfang war ich von den Ratschlägen meiner Sorgen etwas genervt. Sie wirkten irgendwie deplatziert auf mich und störten zugegeben etwas. Doch wir gewöhnten uns aneinander. Ich hörte auf sie und wir kamen gut miteinander aus.

Kommt dir das bekannt vor? Mir auf jeden Fall! Und zwar nicht nur aus meiner Erinnerung, sondern aus dem letzten Abschnitt. Das hier ist Vermeidungslernen, wie es im Buche steht! Und da wir beide nun wissen, dass Sorgen keine guten Ratgeber sind und ein Leben, das uns von unseren Ängsten diktiert wird, gar nicht so gut ist, wie es manchmal scheint, wird es Zeit, dass wir einen

Weg finden, den Fluss oder die Schlucht der Angst zu überqueren! Was liegt zwischen einem angstgetriebenen und einem mutigen Leben?

Nach meiner Theorie sind es deine Werte, die dir dabei helfen können, deine Ängste zu überwinden. Sie sind echte »Mutivatoren«. Einmal bewusst gemacht, erkennst du sie in deinen Handlungen. Und was noch viel besser ist: Du kannst zukünftig deine Handlungen und deine Entscheidungen bewusst nach ihnen ausrichten. Am Ende dieses Kapitels findest du eine Reflexionsübung, die dir dabei helfen kann, deine Werte zu finden. So hast du hoffentlich deine eigenen »Mutivatoren« gefunden und kannst sie einsetzen, um deine Ängste zu überwinden. Lass mich dir vorher aber ganz konkret von meinen Werten erzählen.

Im Sommer 2023 habe ich zwei besondere Reisen unternommen. Für dieses Buch hatte ich mir eigentlich gewünscht, mit meinem Campervan eine Solo-Reise in meine Herzensheimat Schweden machen zu können. Ich wollte quasi in einem Selbstexperiment mehr über meine eigenen Ängste lernen und herausfinden, wie ich, auf mich allein gestellt, mit ihnen umgehe. Leider tat sich zu keinem Zeitpunkt während des Buchschreibens ein Zeitfenster auf, das groß genug gewesen wäre, um darin bis nach Schweden und wieder zurück zu fahren. Der Abschluss meines Studiums und der Start ins Berufsleben nahmen viel mehr Zeit in Anspruch, als ich es mir vorgestellt hatte. Aber Gott wäre nicht Gott, wenn er mich nicht trotzdem zu genau den Erfahrungen bringen würde, die ich für dieses Buch gebraucht hatte. Obwohl – hätte ich vorher gewusst, auf welche zwei Reisen ich mich einlasse, wäre ich sofort in den Bulli gesprungen und gen Norden gesaust! Während dieser zwei besagten Reisen habe ich nämlich alles und jeden verflucht, das bzw. der mich in diese Situationen gebracht hatte. Das war nicht zuletzt mein Mut gewesen, der sich zwischendurch eher nach Dummheit oder zumindest grenzenloser Selbstüberschätzung anfühlte. Aber fangen wir am Anfang der ersten Reise an …

Ich stellte meinen Koffer ab, ließ mich nach hinten auf das einfache Sofa im Hotelzimmer sinken und wurde von meinen Tränen überwältigt. Ich wusste nicht, warum sie plötzlich kamen, die Kontrolle über mich ergriffen und mich gewaltig durchschüttelten. Ich ließ es einfach geschehen. Nass war ich eh schon. Die sizilianische Mittagshitze und der 1,5 Kilometer lange Marsch von der Haltestelle des Shuttlebusses zu meinem Hotel hatten mich schwitzen lassen, wie ich es noch nie zuvor getan hatte. Ich war seit ungefähr zehn Stunden wach, dabei war es gerade mal 13 Uhr. Um meinen Flieger an den südlichsten Zipfel Italiens zu erwischen, musste ich mitten in der Nacht aufstehen. Eigentlich verlief die Anreise sehr gut – abgesehen von der Fahrt Richtung Hotel, die mit dem Shuttlebus durch unzählige Tunnel ging, und in Tunneln fühle ich mich echt unwohl –, aber in diesem Moment im Hotelzimmer konnte ich nicht mehr. Es war doch aufregender, zum ersten Mal allein zu reisen, als ich gedacht hatte – und dann auch noch zu einer der größten wissenschaftlichen Tagungen, die es in der Welt der Theologie so gibt. Ich bekam zum Ende meines Studiums die unglaubliche Chance, mit einem kleinen Stipendium eine Woche auf Sizilien zu verbringen und Teil dieser Tagung zu sein, bei der ich sogar eine Veranstaltung mit mehreren Vorträgen und Diskussionen auf Englisch moderieren durfte. So geehrt ich mich dadurch auch fühlte, so beängstigend erschienen mir die nächsten Tage in dem Moment, als ich auf dem Hotelsofa sitzend meine Tränen nicht mehr von meinen Schweißtropfen unterscheiden konnte. Plötzlich verstand ich, weshalb alle Menschen in meinem Umfeld mir vor der Abreise immer wieder gesagt hatten, wie mutig ich doch sei und wie beeindruckt sie davon wären, dass ich mich trauen würde, diese aufregende Reise zu unternehmen. In den folgenden Tagen sollte sich das noch mehr bestätigen. Ich bin ein heller Hauttyp, mit roten Haaren gesegnet, aber funktioniere bei Temperaturen jenseits der 25 Grad nur bedingt. Und ich reise im Juli nach Sizilien? Ich habe eine introvertierte Persönlichkeit und ein großes Sicherheitsbedürfnis. Und ich reise in ein Land, in dem die Mafia und ansonsten Gelassenheit regieren, um ständig von Hunderten von fremden Menschen umgeben zu sein?

Kein Wunder also, dass die Menschen, die mich am besten kennen, gesagt hatten, ich sei mutig. Mir selbst war das vor dem Tränenausbruch im Hotelzimmer gar nicht so klar gewesen. Es war zwar nicht mein erster Aufenthalt in Italien – ich wusste also grob, welches Klima mich erwartete. Ebenso war es auch nicht meine allererste Konferenz. Zwei Wochen zuvor hatten wir innerhalb des Forschungsprojekts, zu dem ich gehörte, eine eigene kleine Tagung veranstaltet. Ich hatte also schon mal einen Eindruck davon bekommen, wie es ist, viele Stunden am Tag hoch konzentriert mit wildfremden Menschen auf Englisch über komplexe Themen nachzudenken. Doch nichts davon kam mir in den Sinn, als ich nach Sizilien aufbrach. Das waren wohl diese kleinen Momente des natürlichen Mutes, von denen schon oben die Rede war, die viel entscheidender sind als die tatsächliche Situation.

Scheinbar war es mir den ganzen Stress wert. Mein Mut war stärker als meine Angst vor Unsicherheit und auch stärker als meine Abneigung gegenüber der Hitze. Die Chancen, die sich mir auf dieser Tagung boten, waren mein Trotzdem. Dahinter steckten meine »Mutivatoren«, meine Werte. In diesem Fall waren es mein Drang, Neues zu lernen, und mein Wunsch, über mich hinauszuwachsen. Und genau das konnte ich während meiner Tagungsreise tun. Außerdem wollte ich Erfahrungen sammeln, die mir bei meinem Weg in die Wissenschaft helfen würden – nicht nur als ein Punkt auf dem Lebenslauf, sondern ganz praktisch. »Ich komme nur weiter in meiner Entwicklung, wenn ich jetzt den Mut dazu aufbringe«, schoss es mir damals durch den Kopf. Dieser Punkt war mir im Zusammenhang mit der Reise sofort klar. Und er stellte sich als wahr heraus!

Ich habe jeden Tag mehrere wahnsinnig interessante Vorträge zu Themen der Bibelwissenschaft gehört. Nach anfänglicher Zurückhaltung habe ich mich auch getraut, auf andere Forschende zuzugehen und mit ihnen über gemeinsame Forschungsinteressen zu reden. So gewann ich neue Kontakte und Inspiration für meine eigenen Arbeiten. Außerdem konnte ich mit meiner Moderation schon einmal üben, auf solchen Veranstaltungen vor Menschen zu sprechen, noch dazu in einer Sprache, die nicht meine Muttersprache ist. Das war eine wertvolle Erfahrung, denn ich wurde im Anschluss daran eingeladen, im nächsten Jahr nicht nur Vorträge zu moderieren, sondern selbst auch einen zu halten. Es hat sich also wirklich gelohnt, meine Ängste zu überwinden, indem ich mich auf meine Werte, meine »Mutivatoren« konzentrierte!

Aber glaube nicht, dass ich deshalb nicht ständig mit meinen Ängsten konfrontiert war! Glaube nicht, dass die Tränen nach meiner Ankunft im Hotel die letzten gewesen waren, die ich auf dieser Reise vergossen habe! Fast die größten Sorgen machte ich mir am Ende der Reise. Der letzte Tag hätte kaum aufregender sein können. Ich musste relativ früh aus meinem Zimmer auschecken, mein Flug ging aber erst abends. Für den Vormittag hatte ich mich noch bei einer Tour durch archäologisch relevante Stätten auf Sizilien angemeldet. Um zum Startpunkt der Tour zu gelangen, hätte ich mehrere Kilometer laufen und dafür das Hotelfrühstück verpassen müssen. Öffentliche Verkehrsmittel fuhren nicht. Laufen war keine Option – das hatte ich bei meiner Ankunft schon gelernt. Also musste ich mir ein Taxi organisieren. Allerdings hatten die Veranstalter der Tagung uns Teilnehmende gewarnt, auf eigene Faust ein Taxi zu rufen, und wir sollten bloß nicht in ein Auto steigen, das als Taxi ausgegeben wurde. Ich bat also bei der Hotelrezeption um ein Taxi, das mich zum Startpunkt der Tour bringen und drei Stunden später wieder abholen sollte, um mich zurück zum Hotel zu bringen, wo ich mein Gepäck zwischengelagert hatte, und das mich anschließend noch zur Bushaltestelle fahren sollte, von der aus ich den Bus zum Flughafen nehmen wollte. Organisatorisch und wegen der Sprachbarriere eine echte Herausforderung! Aber es funktionierte. Ein Fahrer würde mich zur vereinbarten Uhrzeit am Hotel abholen. Einen Haken hatte die Sache aber: Es sollte insgesamt 90 Euro kosten, obwohl die Strecke nur circa 15 Kilometer lang war. Ich hatte schon unglückliche Erfahrungen mit italienischen Taxifahrern gemacht und war am Abend zuvor unglaublich aufgeregt. Was da alles schiefgehen könnte … Nicht nur bei der Fahrt im Taxi, sondern auch bei der archäologischen Tour, der Busfahrt zum Flughafen (die schrecklich vielen Tunnel von der Hinfahrt mussten ja auch wieder durchfahren werden) und beim Flug. Es war ein Streik angekündigt, der kurz nach der Startzeit meines Fliegers beginnen sollte. Gar nicht auszumalen, was da alles schiefgehen könnte …

Jedoch kam mir irgendwann inmitten all meiner Sorgen ein Gedanke, der mindestens genauso wichtig ist, wie die eigenen Werte zu kennen.

Vertrauen darauf, dass es gut werden kann

Manchmal können wir richtig spüren, wie Angst und Mut miteinander kämpfen, in uns ringen. Dafür braucht es gar keine Vorstellung von einem Engelchen auf der einen und einem Teufelchen auf der anderen Schulter. Ob bei kleinen und großen Entscheidungen, im

Glauben oder in Momenten kurz bevor die Panik losbricht, es gibt immer mindestens zwei Perspektiven auf die Herausforderung: die eine ist geleitet von Angst, die andere spricht aus einem Vertrauen, das weiter geht, als alle Sorgen es könnten.

Die Angst sagt: »Es könnte so viel schiefgehen.« – Das Vertrauen sagt: »Ich kümmere mich um das, was ich beeinflussen kann. Alles andere darf ich loslassen.«

Die Angst sagt: »Ich muss erst alles genau durchdacht haben.« – Das Vertrauen sagt: »Ich werde es schon rausfinden, während ich es mache.«

Die Angst sagt: »Alles, was ich nicht kenne, macht mir Angst.« – Das Vertrauen sagt: »Alles Neue erweitert meine Komfortzone.«

Die Angst sagt: »Ich muss verhindern, dass alles auseinanderbricht, damit alles so bleibt, wie es ist. – Das Vertrauen sagt: »Manchmal braucht es Veränderung, damit Dinge an ihren richtigen Platz gerückt werden können.«

Die Angst sagt: »Es fühlt sich so an, als würde ich alles falsch machen – ja, als wäre ich falsch.« – Das Vertrauen sagt: »Ich sammle Erfahrungen, ich darf wachsen und lernen. Dazu ist das Leben da.«

Zurück zu meinem letzten Tag auf Sizilien und dem Moment, als mir nachts in meinem Hotelbett ein entscheidender Gedanke in den Sinn kam: »Was, wenn alles irgendwie gut wird? Was, wenn ich ab jetzt anfange, zu vertrauen, dass es wirklich gut werden kann?« Darin habe ich mich dann den ganzen folgenden Tag hindurch geübt – während der Taxifahrt, während der Tour, auf dem Weg zurück, im Bus Richtung Flughafen, im Flugzeug – und bin heil zu Hause angekommen. Mein Taxifahrer an diesem Tag war eher ein Chauffeur, ich kam pünktlich am Flughafen an, mein Flieger hob noch ab, kurz bevor der geplante landesweite Streik und die schrecklichen Waldbrände auf Sizilien ausbrachen, mein Koffer kam ebenfalls in Deutschland an und mein Mann wartete in der Ankunftshalle mit Snacks auf mich. Mein Vertrauen wurde belohnt. Aber so richtig glauben konnte ich es noch nicht.

Deshalb musste ich im selben Sommer noch eine weitere außergewöhnliche Reise machen. Seit den ersten Wochen meines Studiums war für mich klar: Wenn unser Professor für Altes Testament noch einmal eine Israel-Exkursion anbieten würde, bevor er in den Ruhestand gehen würde, wäre ich dabei! Die ersten zwei Jahre meines Studiums vergingen, die Pandemie kam, und ehe ich mich versah, waren vier Jahre vorbei und keine Israel-Exkursion in Sicht. Doch im letzten Jahr meines Studiums war es so weit – und ich verpasste die Anmeldefrist für die Exkursion! Aber mein Mann und ich durften trotzdem mit. Wahrscheinlich war unsere Freude darüber so groß, dass wir uns kaum Gedanken darüber machten, was es bedeuten würde, mit knapp vierzig anderen Studierenden zwölf Tage in einem (immerhin klimatisierten) Reisebus im Hochsommer durch Israel zu fahren und alle zwei Tage in einem anderen Hotel zu übernachten. Erst als wir tatsächlich dort waren, in der Hitze, in der lauten und fremden Geräusch- und Geruchskulisse, in den eher dritt- als zweitklassigen Hotels, wurde mir klar, worauf ich mich da eingelassen hatte!

Die Reise fühlte sich für mich zwischendurch an wie eine Panikattacke, die bis zur Landung in Deutschland andauerte. Niemals hatte ich sie mir so anstrengend vorgestellt! Dieses Mal wünschte ich mir, es wären mein Mut und ein großes Trotzdem gewesen, die mich dazu motiviert hatten, an diesem Trip teilzunehmen. Aber dieses Mal waren es wirklich nur Unüberlegtheit und Selbstüberschätzung. Ich hatte vorher einfach nicht gründlich genug über die Herausforderungen, die mir auf der Exkursion begegnen würden, nachgedacht und war einfach mitgefahren.

Während wir in Israel waren, habe ich diese Entscheidung oft bereut, auch wenn ich gleichzeitig dankbar war, zum Abschluss meines Studiums so eine besondere Reise mit meinem Lieblings-Professor machen zu können. Mit im Gepäck hatte ich nämlich auch ein ganz schönes Gefühlschaos, weil mein bislang glücklichster Lebensabschnitt bald zu Ende gehen würde. Zu keiner Zeit und an keiner Station in meinem Leben habe ich mich wohler gefühlt als während der insgesamt fünf Jahre meines Studiums an der Uni. Und diese Zeit sollte jetzt einfach so vorbei sein? Was würde danach kommen? Würde ich die Möglichkeit haben, zu promovieren und an einer Uni zu arbeiten? Diese Fragen begleiteten meine Reise durch Israel. Sie saßen immer neben mir im Reisebus, im Flugzeug und im Boot auf dem See Genezareth. Sie schwitzten ebenso wie ich auf den Wanderungen durch die Ausgrabungsstätten und trieben selbst im Toten Meer neben mir her. Innerlich und äußerlich war alles unsicher. Diese Kombi aus aufgewühlter Seele und fremdem Land, extremen klimatischen Bedingungen und einer lauten Reisegruppe verlangte mir alles ab.

Wie ausgelaugt ich war, wie verzweifelt und weit weg vom Vertrauen, dass alles auch gut werden könnte, merkte ich erst in einem Gottesdienst mitten in Jerusalem. Dort gibt es eine deutsche lutherische Kirchengemeinde. Ich saß allein in der letzten Reihe des geschichtsträchtigen Gebäudes der Erlöserkirche und konnte zum ersten Mal seit Langem zur Ruhe und zu mir selbst finden. Allerdings hätte ich meinen abgeschiedenen Platz in den ersten Minuten des Gottesdienstes doch liebend gern gegen mein Hotelbett eingetauscht. Vor Erschöpfung wusste ich kaum, wie ich mich auf meinem Platz halten sollte. Dann begann eine Psalmenlesung, in der ich mich direkt wiederfand:

Gott, du bist mein Gott, den ich suche. Es dürstet *meine Seele* nach dir, mein Leib verlangt nach dir *aus trockenem, dürrem Land, wo kein Wasser ist.*

So schaue ich aus nach dir in deinem Heiligtum,
wollte gerne sehen deine Macht und Herrlichkeit.
Denn deine Güte ist besser als Leben;
meine Lippen preisen dich.
So will ich dich loben mein Leben lang
und meine Hände in deinem Namen aufheben.
Das ist meines Herzens Freude und Wonne,
wenn ich dich mit fröhlichem Munde loben kann;
wenn ich mich zu Bette lege, so denke ich an dich,
wenn ich wach liege, Sinne ich über dich nach.
Denn du bist *mein Helfer*, und *unter dem Schatten
deiner Flügel* frohlocke ich.
Meine Seele hängt an dir; *deine rechte Hand hält mich.*
Psalm 63,2-9; LUT[59]

Welch Segen Schatten bedeuten kann, hatte ich in den Tagen zuvor gelernt, vor allem weil das Wasser im Heiligen Land, seitdem dieser Psalm aufgeschrieben wurde, von Tag zu Tag knapper wird! Der Mensch, der diesen Psalm verfasst hatte, sprach mir aus der Seele – zumindest, was die Erschöpfung und die Suche nach Gott anging. Zum Loben war mir an diesem Sonntag in Jerusalem noch nicht zumute. Ich war einfach nur fertig.

Es sollte aber nicht bei diesem einen Text bleiben, der mir vorkam, als wäre er nur für mich ein Teil dieses Gottesdienstes. Der Predigttext war 1. Könige 3,5-15. Hier lesen wir von dem Traum des jungen Königs Salomo, in dem er sich bei Gott etwas wünschen durfte. Salomo wählte nicht etwa die Lösung seines Problems, sondern das, was ihm dabei helfen würde, es selbst zu lösen. Für Salomo war es ein gehorsames Herz, damit er sein Volk weise und nach Gottes Maßstäben regieren konnte. Gott wird in dieser Erzählung als so beeindruckt von dem Wunsch Salomos beschrieben, dass er ihm trotzdem auch noch Reichtum und Ehre gab, obwohl Salomo darum gar nicht gebeten hatte.

Die Pastorin merkte in ihrer Predigt an, dass die Weisheit bereits in Salomo gesteckt haben müsse, als er seinen Wunsch dafür genutzt habe, welche zu bekommen. Dann bat sie uns, ebenfalls einen Wunsch aufzuschreiben. Im besten Fall etwas, das wir uns für eine Aufgabe wünschen, bei der wir Verantwortung übernehmen müssen – eben genau so, wie es bei Salomo war. Ich kannte zu dem Zeitpunkt meine nächste Aufgabe noch nicht. Da war nur die Frage, ob das mit meiner Promotion funktionieren wird. Also schrieb ich meinen Wunsch auf: »Vertrauen darauf, dass es gut werden kann.« Das war mir nämlich nach meiner Sizilien-Reise sehr schnell wieder abhandengekommen. Neben den ganzen Fragen und Unsicherheiten hatte es wohl nicht mehr in meinen Koffer für Israel gepasst. (Vielleicht hat aber auch einfach die riesige Menge Sonnencreme schon zu viel Platz im Koffer eingenommen.)

Nachdem alle, die den Gottesdienst besuchten, ihre Wünsche aufgeschrieben hatten, wiederholte die Pastorin noch einmal: »Von dem, was ihr euch gewünscht habt, steckt wahrscheinlich schon ein Funke in euch!« Das machte mir Mut. Das gab mir das Gefühl, meinen Fragen und den Unsicherheiten, die das Leben so bereithält, nicht ausgeliefert zu sein.

Mit diesen Gefühlen im Bauch konnte ich das Abendmahl besonders genießen. Dort schloss sich für mich ein wichtiger Kreis. Die Pastorin erinnerte, während wir Pita und Traubensaft zu uns nahmen, an Jesus als unseren Weinstock, mit dem wir wie Reben verbunden bleiben sollen. Genau um diesen Text aus Johannes 15,1-8 ging es auch in der Predigt des Abschlussgottesdienstes zum Ende meiner Bibelschulzeit. Und jetzt, gegen Ende meines Studiums, schenkte Gott mir dieses Bild ein zweites Mal. Auch wenn es für alle anderen nur ein normaler Gottesdienst in Jerusalem war, für mich fühlte er sich an wie ein inoffizieller Abschlussgottesdienst zum Ende meines Studiums, der mich gleichzeitig für mein aufregendes bald beginnendes Berufsleben segnete.

Dieser Gottesdienst war genau für mich. Das wurde mir dann noch einmal klar, als das letzte Lied gesungen wurde. Der Text lautete:

Vertraut den neuen Wegen
und wandert in die Zeit!
Gott will, dass ihr ein Segen
für seine Erde seid.

Der uns in frühen Zeiten
das Leben eingehaucht,
der wird uns dahin leiten,
wo er uns will und braucht.[60]

Die Brücke

Ich stelle mir eine Brücke vor – keine moderne, sondern eine alte, aus Stein gemauerte, die malerisch über einen Fluss führt und die die an dessen Ufern liegende Stadt verbindet. Oder eine Brücke in einer Landschaft mit Hügeln, Wäldern und Schluchten. Weißt du, welche Art Brücke ich meine? Sie hat massive Pfeiler, die in Bogen übergehen und so mit den anderen Pfeilern verbunden sind. Oben ziert sie ein besonders schönes Geländer. Sie strahlt Sicherheit aus. Egal, wie reißend der Fluss unter ihr ist, egal, wie tief die Schlucht ist, die sie überwindet, sie steht fest. Sie war bereits Teil von so vielen Wanderungen, Entdeckungsreisen, Zusammenführungen von geliebten Menschen, Rückkehrmomenten nach Hause, hoffnungsvollen Aufbrüchen zu Neuem, tränenreichen Wegesabschnitten, zaghaften Schritten.

In meiner Vorstellung sind die Pfeiler dieser Brücke meine Werte, die meinem Trotzdem Kraft geben. Ihr Weg ist gepflastert mit dem Vertrauen darauf, dass es gut werden kann. Mit dieser Brücke kann ich meine Ängste im wahrsten Sinne des Wortes überwinden. Sie sind damit nicht einfach weg. Ich kann sie immer noch sehen, wenn ich über das Brückengeländer schaue. Sie gehören zur Landschaft meines Lebens dazu und manche von ihnen habe ich aus gutem Grund. Vielleicht kann ich irgendwann sogar Schönheit im Gesamtbild entdecken! Das geht bekanntlich am besten aus der Entfernung. Würde ich unten in der Schlucht oder vor dem reißenden Fluss stehen, hätte ich nicht viel von der Landschaft. Ich könnte nur ihre Gefahren und Hindernisse sehen. Mein Blickfeld wäre beschränkt auf wenige Meter. Ich würde immer nur die Schwierigkeiten sehen, die gerade vor mir liegen. Meine Aufmerksamkeit würde dann nur dem gelten, was mir im Weg steht. Es wäre immer anstrengend. Kein Durchatmen, kein Weit-Blicken, kein Füße-baumeln-Lassen, kein Ausruhen. Immer nur *fight, flight* oder *freeze*. Das Leben ist aber mehr als das. Es ist ein Gesamtbild, das sich zusammensetzt aus Angst und Mut, aus Hindernissen und Erfolgen, aus Höhen und Tiefen.

Also baue ich mir eine Brücke, um all das sehen und genießen zu können. Meine Werte sind die Pfeiler. Sie bringen mich in die Höhe und schenken mir Abstand zu meinen Ängsten und den Hindernissen auf meinem Weg. Mein Vertrauen, dass alles gut werden kann, pflastert den Weg über die Brücke. Mit jedem Schritt wird es stärker. Die Brücke trägt mich. Ich kann mich an ihr Geländer lehnen und es riskieren, einen Blick nach unten zu werfen. Ich sehe meine Ängste, nehme sie wahr, akzeptiere, dass sie da sind. Dann lasse ich meinen Blick in die Ferne schweifen. Ich sehe alles Schöne und vieles, das ich entdecken darf. In mir breiten sich Frieden und Hoffnung aus.

Übung: Eigene Werte finden

Möchtest du deine eigene Brücke bauen und deine Ängste überwinden, ist es wichtig, dass du deine Werte kennst. Diese können sich mit der Zeit verändern und je nach aktueller Herausforderung variieren, weshalb du diese Übung wiederholen kannst, wenn du gerade Klarheit über deine »Mutivatoren« brauchst. Vielleicht erkennst du in deinen Werten aber auch Linien, die sich durch dein Leben ziehen und so etwas sind wie dein Grundantrieb. Beides ist in Ordnung, und das Wissen darüber kann dir helfen, Ängste zu überwinden, Entscheidungen zu treffen und durchzuhalten, auch wenn Hindernisse auftreten.

Warum Werte und nicht Ziele? Es liegt erst mal näher, zu denken, dass die Bestimmung von Zielen hier sinnvoller ist, weil sie in der Zukunft liegen und im Idealfall auf der anderen Seite deiner Brücke auf dich warten. Damit haben wir auch schon die Antwort auf die Frage. Ziele sind gut und können motivieren, aber du trägst sie nicht in dir. Mit der Brücke wollen wir ein Fundament bauen, das uns über unsere Ängste hinweg zu unseren Zielen trägt. Wir wollen mit dem arbeiten, was schon da ist. Du bringst bereits vieles mit, was dir hilft, deine Ängste zu überwinden. Das sind deine Werte.

So funktioniert die Übung: Wähle aus der Liste an Werten deine Top Ten aus und unterstreiche sie. Vergleiche sie dann untereinander und schreibe sie nach Wichtigkeit sortiert auf.

Abenteuer – Achtsamkeit – Akzeptanz – Anerkennung – Arbeit – Ästhetik –Aufrichtigkeit – Authentizität – Balance – Begegnung – Begeisterung – Beharrlichkeit – Beliebtheit – Bescheidenheit – Bewusstheit – Dankbarkeit – Disziplin – Effizienz – Einfluss – Ehrlichkeit – Empathie – Entwicklung – Erfolg – Fantasie – Flexibilität – Freiheit – Friedfertigkeit – Fröhlichkeit – Geduld – Gehorsam – Gelassenheit – Genuss – Gerechtigkeit – Gesundheit – Glaube – Glaubwürdigkeit – Großzügigkeit – Harmonie – Heiligung – Heilung – Herzlichkeit – Hilfsbereitschaft – Humor – Intuition – Kompromissbereitschaft – Konstruktivität –Kontrolle – Kreativität – Kritikfähigkeit – Leichtigkeit – Leidenschaft – Leistung – Lernbereitschaft – Liebe – Loyalität – Minimalismus – Mitgefühl – Moral – Mut – Nachhaltigkeit – Nähe – Neugierde – Offenheit – Optimismus – Ordnung – Partnerschaft – Perfektion – Rationalität – Realismus – Respekt – Ruhe – Sanftmut – Selbstbestimmung – Selbstverwirklichung – Sensibilität – Sicherheit – Solidarität – Spaß – Spiritualität – Toleranz – Tradition – Transparenz – Treue – Unabhängigkeit – Verantwortung – Verbundenheit – Vertrauen – Wachstum – Wahrheit – Weisheit – Wertschätzung – Wissen – Wohlstand – Wohlwollen – Zufriedenheit – Zugehörigkeit – Zuverlässigkeit

Kapitel 6:

ÜBE(R) DEN MUT ANGESICHTS DES CHAOS AUF DER WELT

Wir kennen nun die Bedingungen für mutiges Handeln und haben aus unseren Werten und dem Vertrauen, dass alles auch gut werden kann, eine Mut-Brücke gebaut, um unsere Angst zu überwinden. Aber wirklich zu greifen ist der Mut trotz zahlreicher wissenschaftlicher Experimente und poetischer Metaphern kaum. Ich habe Romane, biografische Erzählungen, psychologische Fachbücher, interdisziplinäre Handbücher und nicht zuletzt die Bibel gelesen, um herauszufinden, was Mut ist und wie wir mutig leben können – in jeder Hinsicht. Dabei habe ich immer mehr Puzzleteile gefunden, die aber noch nicht so richtig zusammenpassen wollten. Mut sieht halt immer anders aus.

Doch damit wollte ich mich nicht zufriedengeben. Es muss doch eine Definition oder so etwas in der Art geben, die die Vielfalt von Mut greifen kann. »Mut. Mut. Mut«, ging es mir immer wieder durch den Kopf. So lange, bis mir das Wort *muot* in den Sinn kam.

Das hatte ich seit dem vierten Semester meines Studiums nicht mehr gehört. Da musste ich für das Fach Deutsch nämlich Mittelhochdeutsch lernen und schon in der ersten Vorlesung lernten wir, dass wir das mittelhochdeutsche Wort *muot* nicht einfach mit unserem Wort »Mut« übersetzen dürfen. Auch ein Blick in die deutsche Sprachgeschichte zeigte uns, dass Mut schon immer anders ausgesehen hat. Diesen Blick habe ich dann noch einmal vertieft und die fehlenden Teile meines Mut-Puzzles gefunden. Bist du bereit für eine kleine Sprachgeschichte des Mutes? (Keine Sorge, du musst dafür nicht sprachbegeistert sein!)

Ich habe einen Lexikonartikel[61] gefunden, der – so unübersichtlich und kryptisch er auch aussehen mag – dieses ganze Buch zusammenfasst. Er bringt uns zu den lateinischen und griechischen Wurzeln des Wortes. In der Antike bedeutete Mut, etwas wirklich stark zu wollen. Ich finde das passt ganz gut. Wenn ich etwas wirklich möchte, dann bin ich eher bereit, meine Angst, die mir noch im Weg steht, zu überwinden. Das sprachgeschichtliche Wörterbuch fasst die Entwicklung der Bedeutung des Wortes »Mut« kurz zusammen: »Mut bezeichnet ursprünglich die inneren Triebkräfte, Gemützustände, Erregungen und Empfindungen des Gefühls im Gegensatz zum Verstand.«[62] Mut gleich Leichtsinn?

Oft fühlt es sich so an, als müssten wir unsere Gedanken mal kurz ausschalten, um etwas durchziehen zu können, vor dem wir Angst haben. Aber lass uns schlauer sein als die Menschen, die in der Vergangenheit das Denken vom Fühlen getrennt haben: Lass uns unsere Gedanken nutzen, um unser Fühlen Richtung Mut zu lenken. Wir brauchen beides, den Verstand und unser Herz. Um mutig zu sein, müssen wir unseren Verstand nicht ausschalten. Wir können ihn sogar einsetzen, um unsere Ängste zu überwinden, indem wir uns mit seiner Hilfe unsere Werte bewusst machen und unseren Fokus auf sie richten anstatt auf die Angst.

Allerdings geben sich unsere Ängste oft als besonders schlau aus. Es scheint so, als könnten wir ihnen trauen, weil sie alles ganz genau studiert und durchdacht haben. Sie kennen alle möglichen Szenarien und wollen uns vor den schlimmsten beschützen. Sie appellieren an unseren Verstand. Gegen solch ein pseudointellektuelles Aufgebot hilft dann wiederum nur verständiges Fühlen. Nimm deine Angst wahr, aber beurteile sie nicht. Ja, es gibt immer ein Risiko, aber es gibt auch gute Gründe, die für den Mut sprechen: deine Werte, dein Herzenswunsch. Sie können von deinem Herzen in deinen Verstand wandern und dort die Angst im Zaum halten. Wir brauchen immer beide, um mutig zu sein: Herz und Verstand.

Das kapierten dann auch die Menschen, die ungefähr zwischen 750 und 1050 n. Chr. die althochdeutsche Sprache benutzten. Sie verstanden unter Mut etwas anderes als die alten Römer und Griechen. Das Wörtchen *muot* bedeutete zu dieser Zeit »Kraft des Denkens, Seele, Herz, Gemütszustand, Gesinnung, Gefühl, Absicht, Neigung«.[63] Für mich klingt das viel mehr nach dem, was wir hier bisher über Mut festgehalten haben. Gleichzeitig erklärt diese Fülle an – zugegeben teilweise auf den ersten Blick sehr unterschiedlichen – Bedeutungen auch, warum sich viele Menschen und Wissenschaften so schwertun, eine Definition für Mut zu finden.

Wenn wir an Mut denken, kommen uns als Erstes die Ergebnisse des Mutes in den Sinn. Die Prozesse, die wir im Geist und im Glauben durchlaufen müssen, damit so ein Ergebnis zustande kommt, sind aber das, was den Mut eigentlich ausmacht. Mut fängt also weit vor der Handlung an. Mut ist die Kraft des Denkens und des Glaubens an dich. Und es geht noch weiter: Im Mittelhochdeutschen, das in den Jahren zwischen 1050 und 1350 gesprochen wurde, steht das Wort *muot* für die Einstellung einer Person zum Leben. Mut macht in der Zeit und der Literatur des Mittelhochdeutschen den ganzen Charakter aus. Dazu zählen sowohl die innere Haltung als auch die äußerlich sichtbaren Handlungen. Mut macht uns aus.

Er entsteht in unserem Herzen, wird gestärkt durch unseren Verstand, wirkt sich auf unseren Charakter aus und wird sichtbar in Handlungen, die es wert sind. Mut umfasst alle Bereiche unseres Lebens. Mut ist ehrliches Leben.

Was macht mir Mut?

So »mutiviert« ich mich in einem Moment fühle, so entmutigt und hoffnungslos kann ich mich im nächsten fühlen, wenn zufällig Gedanken an den Zustand unserer Welt meinen Weg kreuzen. Aber ich bin doch auch Theologin – da muss ich mir doch darüber keine Gedanken machen! Ich weiß doch, dass Jesus bald wiederkommt und es keine Tränen und kein Leid mehr geben wird. So hab ich das mal gelernt in meiner Jugendzeit, die ich – wie du schon weißt – in verschiedenen Freikirchen verbracht habe. Dort sind mir Menschen begegnet, die sich sogar über jede schlechte Nachricht, die in der Tagesschau verkündet wurde, gefreut haben, weil das bedeutete, dass es nun wirklich nicht mehr lange dauern würde, bis Jesus endlich wiederkommt. Das war für mich immer sehr befremdlich und ist auch heute in meinen Augen kein sinnvoller Umgang mit allen Katastrophen, die sich auf diesem Planeten – immerhin Gottes Schöpfung – ereignen.

Mit meinen Sorgen um die Welt fühlte ich mich in streng bibeltreuen Gemeinden nicht gut aufgehoben. Ja, eigentlich nicht im Geringsten ernst genommen! Eine Vertröstung auf bald hilft selten bei akuten Sorgen. Dazu kommt dann auch noch, dass das, was in der Offenbarung steht und mir als baldiger Trost angeboten wurde, kaum tröstlich ist. Als ich selbst einmal nachlesen wollte, was da wohl auf uns zukommt, habe ich die Bibel nach ein paar Versen wieder zugeschlagen. Die dort beschriebenen Szenarien klangen so gar nicht nach dem einen Vers, der immer zitiert wird! Nichts da mit »alle Tränen abwischen« (Offenbarung 21,4) – das klang brutaler als die Realität, in der wir hier leben! Mich beruhigen keine Erzählungen von Schlachten, wenn ich mich nach Frieden sehne! Ich glaube, ich bin nicht die Einzige, der es so geht.

Lange Zeit habe ich dann ganz bewusst nicht mehr in der Johannesoffenbarung gelesen. Warum auch? Sie machte mich nur noch hoffnungsloser. In einem Job, den ich während meines Religionsstudiums in einem Forschungsprojekt hatte, war ich dann aber bald gezwungen, mich mit der Offenbarung auseinanderzusetzen. Ich half zwei Wissenschaftlerinnen dabei, Johann Heinrich Jung-Stilling zu erforschen. Der lebte 1740 bis 1817 – das war auch keine gute Zeit, um sich auf dieser Welt aufzuhalten, wenn du mich fragst. Damals war sogar das Wäschewaschen so schwierig, dass Jung-Stilling in einem Brief auf die Frage, wie es ihm und seiner Familie gehe, antwortete, dass sie gerade in keinem guten Zustand sei, weil seine Frau waschen müsse. Wofür wir heute eine Maschine haben, dafür musste die jeweils aktuelle Frau von Jung-Stilling mehrere Tage schwerster körperlicher Arbeit einplanen. Wahrscheinlich war aber die Wäsche eins von den kleineren Problemen der Zeitgenossinnen und Zeitgenossen des 18. Jahrhunderts. Wenn sie verzweifelt auf der Suche nach Hoffnung und Ermutigung die Bibel aufschlugen, dann wegen Krankheiten, Kriegen, Armut und politischen Umbrüchen. Du weißt, wovon ich schreibe, wenn du diese Zeit in der Schule im Geschichtsunterricht durchgenommen hast. Für Jung-Stilling und andere Gläubige war Napoleon der Antichrist und das Ende der Welt nahe. In zahlreichen Büchern und Briefen hat Jung-Stilling genau das berechnet – und musste immer wieder neu ansetzen, als ein Datum verstrichen war, ohne dass Jesus wiedergekommen war und die Französische Revolution beendet hatte. Mit Jung-Stillings Perspektive auf die Offenbarung konnte ich in den zwei Jahren, in denen ich mich damit beschäftigte, auch nicht richtig warm werden. Immerhin sitzen wir heute immer noch hier und die Welt ist seitdem Zeugin von weitaus Schlimmerem als einem mehr oder weniger kleinen Franzosen und seinen Gewalttaten geworden.

In der Geschichte unserer Erde hat sich also so einiges angesammelt, was die Menschen zum Lesen der Offenbarung bewegte und in ihnen die Überzeugung wachsen ließ, dass Jesus hier bald einen Schlussstrich ziehen würde, damit wir endlich bei Gott würden sein können. Schon im Neuen Testament selbst lesen wir von diesem Glauben, der die Juden erwarten ließ, dass Jesus als Krieger auf die Erde kommen und die Römer oder andere Besatzungsmächte plattmachen würde. Doch statt eines siegreichen Feldherrn war da erst nur eine Frau, die ein mutiges Lied sang und in ärmlichen Umständen ein Kind zur Welt brachte. Die Enttäuschung und Verwirrung waren verständlicherweise groß. Das kann ich nachvollziehen, wenn die schlechten Nachrichten mir wieder zu viel werden. Kann das nicht bald mal aufhören?

Weil ich auf diese Frage ebenso wenig eine befriedigende Antwort geben kann wie die frühen Jüdinnen und Juden, Johann Heinrich Jung-Stilling und Christinnen und Christen heute, will ich stattdessen andere Fragen stellen, die dich vielleicht auch umtreiben:

- Was macht mir Mut, wenn ich Angst um das Klima habe?
- Was macht mir Mut, wenn ich Angst vor großem Leid und Krieg habe?
- Was macht mir Mut, wenn ich angesichts der Pandemie Angst vor totalem Kontrollverlust habe?
- Was macht mir Mut, wenn ich Angst habe, dass Gott die Welt doch nicht in seiner Hand hält?

Das Chaos

Wahrscheinlich werde ich mein erstes Buch immer mit den großen Krisen unserer Zeit verknüpfen. Ich habe es im Lockdown geschrieben. Im März 2020 ging es los. Mit den Meldungen über das Virus kam auch der Verlagsvertrag. Mit den Infektionszahlen stieg auch die Anzahl der Zeichen, die ich in meinen Laptop tippte. Neben der Ungewissheit darüber, wie lange die Maßnahmen noch andauern würden, wuchs auch die Vorfreude darauf, mein fertiges Buch in den Händen halten zu können. Als es dann erschienen war, antwortete ich auf die Frage, wie ich das neben meinem Studium und meinem Job an der Uni geschafft hätte, immer: »Ich habe die Corona-Zeit produktiv genutzt. Während andere Rekorde im Bananenbrot-Backen aufgestellt haben, habe ich eben mein Buch geschrieben.« Die Jahre 2020 und 2021 gehören in mancher Hinsicht zu den schönsten meines Lebens, in anderer Hinsicht aber auch zu den herausforderndsten. Wäre ich nicht so mit dem Manuskript beschäftigt gewesen, hätte mich die Pandemie sicher mehr belastet. Alles um uns herum war plötzlich anders. Was wir eben noch, ohne darüber nachzudenken, genossen und unachtsam als Alltag abgetan hatten, war kurz darauf mit Angst verbunden oder gar nicht mehr möglich. Und nicht nur unsere Gewohnheiten standen auf dem Spiel, sondern auch unsere Gesundheit und finanzielle Existenz. In ruhigen Momenten kam es dann doch in mir hoch, das Gefühl, gar keine Kontrolle über mein Leben zu haben. Als ein junger Mensch mit Zielen, Träumen und einer nahenden Buchveröffentlichung schockierte mich diese Erkenntnis. Ging es dir damals auch so?

Das sollte aber nicht die einzige zugleich er- und entmutigende Erinnerung an mein erstes Buch bleiben. Denn wenige Tage vor der Veröffentlichung griff Putin die Ukraine an. Ich weiß noch genau, wie ich alles für meine Release-Party vorbereitete und mich darauf freute, dieses besondere Ereignis mit meinen liebsten Menschen zu feiern. Das Schlimmste der Pandemie war überstanden, mein Buch auf dem Weg in die Buchläden und Online-Shops – jetzt kann gefeiert werden! Das hatten wir uns alle verdient! Aber es kam anders. Am 26. Februar 2022 saß ich in meinem Wohnzimmersessel und hatte alle Vorfreude auf die Buch-Erscheinung am 1. März verloren. Ich postete eine Instagram-Story:

> Ich sitze hier im Sessel. Eigentlich ist meine To-do-Liste lang. Voller Aufgaben, die ich fröhlich zur Vorbereitung vom Buch-Release erledigen wollte. Wenige Tausend Kilometer von meinem Sessel entfernt fürchten Menschen um ihr Leben. Und ich soll mich über mein Buch freuen? Das Leben zeigt mir, dass es viel wichtigere Dinge gibt.[64]

Unvorstellbar hart traf mich die Nachricht vom Krieg in Europa. Ich hatte diese Möglichkeit vollkommen ausgeschlossen. Krieg steht in den Geschichtsbüchern und fordert in anderen Teilen der Welt leider immer noch Opfer, aber dass er nun auch zur Lebensrealität in Europa gehören sollte, war eine neue Erfahrung für mich, die ich mir und allen Betroffenen in der Ukraine lieber erspart hätte. Angemessene Worte lassen sich dafür kaum finden. Und welche Gefühle waren schon angemessen in so einer Situation? Meine Vorfreude auf mein erstes Buch, die schönen Erinnerungen an den Schreibprozess, die Dankbarkeit für diese Chance – alles fühlte sich falsch an. Die positiven Gefühle verschwanden immer mehr. An ihrer Stelle machte sich neben großem Mitleid auch die Angst breit, dass sich der Krieg über ganz Europa ausbreiten könnte. Ich war verzweifelt. Um mich daran zu erinnern, was ich gemacht habe und wo ich war, als ich von den Anschlägen auf das World Trade Center am 11. September 2001 erfuhr, bin ich zu jung. Ich werde aber nie vergessen, wo ich war und was ich gemacht habe, als ich vom Krieg in der Ukraine erfuhr. Jede Generation kennt andere Krisen.

Ob wir die letzte Generation sein werden, kann ich nicht sagen. Die wissenschaftlich begründeten Wahrscheinlichkeiten legen nahe, dass es nicht mehr lange dauern wird, bis wir unsere Erde unbewohnbar gemacht haben. Auch das macht mir Angst. Wenn in den sozialen Medien folgende Schlagzeilen als gute Nachrichten unter dem Titel »Don't lose hope« veröffentlicht werden, weiß ich gar nicht, ob mir das wirklich Hoffnung macht: »Während 1959 nur 34 Arten als besonders schützenswert und bedroht eingestuft wurden, sind es heute 87 967.«[65] Oder »1979 flossen noch 636 Tonnen Öl von Tankern ins Meer. 2016 waren es immerhin nur noch 6 Tonnen.«[66] Nach meinem Empfinden sind das immer noch 6 Tonnen zu viel, und wiedergutmachen kann man die riesigen Mengen Öl, die bisher schon unsere Meere verschmutzt haben, auch nicht. Und zum Artenschutz: Ich freue mich, dass wir unsere Mitgeschöpfe mehr schätzen und schützen, aber dass es dazu überhaupt kommen muss, macht mich traurig. Und ich bin auch noch Teil davon. Mit jedem Kauf, den ich tätige, beute ich die Erde mehr aus. Mit jedem Aufladen meines Smartphones stehle ich Ressourcen, die zum Teil unwiederbringlich sind. Klar, ich versuche, nachhaltigere und bewusstere Konsum-Entscheidungen zu treffen, aber die reichen nicht aus, um die Welt zu retten. Wenn wir ganz nüchtern auf die Berechnungen schauen, merken wir das. Es funktioniert so nicht. Wir schaffen es so nicht. Schaffen wir es überhaupt?

»Nein, was hast du denn gedacht?«, lachte mein Gesprächspartner. Ich erzählte jemandem aus meiner Jugendgruppe von meiner neuesten Erkenntnis, die ich damals mit etwa vierzehn Jahren hatte: Wir Menschen machen die Welt kaputt. Nicht nur ein bisschen, sondern komplett. Das, was Gott uns anvertraut hat, zerstören wir auf so vielfältige Art. Entweder wird die Erde durch die menschengemachte Klimakatastrophe unbewohnbar oder durch einen Atomkrieg oder einen anderen Krieg – um Wasser möglicherweise – oder, oder, oder. Egal, wie wir es wenden wollen, wir Menschen zerstören die Erde. Darüber hatte ich zuvor noch nie wirklich nachgedacht und war erschüttert. Mein Gesprächspartner nahm es locker. Er war mit der Offenbarung aufgewachsen (im wahrsten Sinne des Wortes). Für ihn war von Anfang an klar, dass wir Menschen zum Scheitern verurteilt sind. Er schien sich gar nicht mehr wirklich von den Katastrophen im Hier und Jetzt berühren zu lassen, sondern wartete geduldig auf das große Finale – und natürlich Jesus. Wäre das nicht so kaltherzig und ignorant allen leidenden Kreaturen und der eigenen Verantwortung gegenüber, würde ich auf so eine Gelassenheit mitten im Chaos der Welt schon fast neidisch sein. Aber ich kann es nicht. Ich kann vor dem Leid dieser Welt nicht die Augen verschließen und mich allein auf eine jenseitige, entfernte Hoffnung einlassen. Irgendwas in mir möchte den Mut nicht verlieren, die Hoffnung nicht aufgeben. Möchte mitleiden und sich freuen können. Möchte leben mitten im Chaos der Welt.

Die Hoffnung
... des Christentums

Wie funktioniert das? Den Mut nicht zu verlieren, wenn die Welt im Chaos versinkt? An Gott und sein Reich zu glauben, ohne ignorant und gleichgültig zu werden? Ich habe hier keine perfekten Antworten auf diese Fragen – und erst recht keine, die ich selbst entwickelt habe! Aber ich habe Antwortversuche von weisen Menschen. Die ersten sind mir begegnet, als der Krieg in der Ukraine begann.

Einen Tag zuvor hatte eine theologische Fachtagung, an der ich im Rahmen meines Studiums teilnahm, geendet. Forschende und Studierende aus ganz Deutschland hatten mehrere Tage über Zukunftsangst und Zukunftshoffnung im Christentum und Judentum nachgedacht. Uns allen war am nächsten Tag die bittere Ironie dieses Themas angesichts des Krieges einige Hundert Kilometer östlich von unseren Computern bewusst. Denn schon während der Tagung kamen wir immer wieder beunruhigt auf die bald zu eskalieren drohende Situation in der Ukraine zu sprechen. Wie in Schockstarre saß ich am 24. Februar 2022 noch unter Corona-Vorsichtsmaßnahmen in meinem Homeoffice und versuchte, mich zu konzentrieren. Immer wieder wanderten meine Gedanken in die Ukraine, zu den Menschen, die von heute auf morgen alles verloren hatten und deren Zukunft ungewisser denn je vor ihnen lag. Wäre es um ein Entweder-oder zum Tagungsthema gegangen, so hätte ich mich ganz klar bei Zukunftsangst und nicht bei Zukunftshoffnung eingeordnet. Ein bisschen fühlte es sich so an, als würde die Welt untergehen. Ein Satz eines Vortragenden holte mich aber zurück aus den Worst-Case-Szenarien, in denen sich der Krieg auch bis nach Deutschland ausbreitete. »Apokalyptik ist gemacht für die Verlierer der Geschichte.«[67]

Auf einmal ergab alles Sinn. Ich verstand nun, weshalb Jung-Stilling sich beim Bibellesen hauptsächlich auf die Offenbarung konzentriert hatte und worin ihr Hoffnungspotenzial liegt. In Todesangst erscheinen die Bilder und Metaphern der Offenbarung tröstlich. Wenn schon alles zugrunde geht – oder es sich zumindest so anfühlt –, dann doch so, dass das Gute am Ende gewinnt und das Böse vernichtet wird. (Komisch nur, dass wir uns selbst scheinbar automatisch zum Guten zählen, aber dazu gleich mehr.) In der Bedrohung des eigenen Lebens lesen zu können, dass am Ende alles gut wird, auch wenn es davor noch ziemlich ungemütlich werden kann, ist tröstlich. Das eigene Leiden ist dann nicht umsonst. Es ist eingeflochten in etwas Größeres, für dessen Beschreibung unsere Worte nicht ausreichen. Das eigene Leiden bekommt einen Sinn. Es führt zu einem Ziel und scheint von langer Hand vorhergesehen zu sein, denn in den Schreckensbildern der Offenbarung können sich Leidende wiederfinden. Sie lesen ihre ganz persönliche Geschichte in der Bibel. Sie lesen von einer Zukunft, in der die Schrecken nicht willkürlich von wahnsinnigen Staatsoberhäuptern verursacht werden, sondern zu Gottes Plan gehören. Sie lesen, dass ihr Leiden nicht sinnlos ist und dass sie nicht verloren sind. Sie lesen von einer Zukunft, in der sie nicht ausgeliefert sind. Das habe heilsame Auswirkungen auf die erlebten Schrecken der Gegenwart, schreibt Traugott Holtz. »Von der Zukunft her ergibt sich für den Glauben, dass die Gegenwart keine verlorene ist. So begründet die eschatologische Zukunft Gewissheit für die Gegenwart.«[68]

Eschatologie wird die Lehre von den Letzten Dingen genannt. Es geht also um theologische Vorstellungen davon, was passiert, wenn es die Welt nicht mehr gibt. Ganz schön schwieriges Thema, findest du nicht? Es gibt zwei grundlegende Möglichkeiten, darüber nachzudenken. Man unterscheidet zwischen futurischer und präsentischer Eschatologie. Die futurische Eschatologie besagt, dass die Heilszeit erst noch beginnen wird. Anders ist es bei der präsentischen Eschatologie. Da wird geglaubt, dass die Heilszeit, das Reich Gottes, schon angebrochen ist, indem Jesus vor 2000 Jahren auf der Erde unterwegs war. Von Jesus ist überliefert, dass auch er so glaubte und entsprechend handelte. Reich Gottes bedeutet demnach vor allem, dass wir im Hier und Jetzt schon in der Liebe Gottes leben und sie an andere weitergeben.[69] Das ist mir sehr sympathisch! Dazu passen auch die Theologien, die ich dir jetzt vorstellen will. Wir werden sehen, wie uns der Glaube Mut machen und zur Überzeugung führen kann, dass es nach dem Leid noch mehr gibt, dass Hoffnung möglich ist.

Wenn du selbst einmal in einer scheinbar ausweglosen Situation gesteckt hast, weißt du, dass es mit der Hoffnung manchmal eine schwierige Sache sein kann. Die Möglichkeit, dass doch noch etwas Gutes passiert, fühlt sich dann oft verschwindend gering an. Daraus ziehen wir den Schluss, dass es nicht Wirklichkeit werden kann. Doch ein biblisches Prinzip dreht das Ganze um: Nicht unsere Wirklichkeit bestimmt Gottes Möglichkeit. Sondern: Weil Gott möglich ist, kann er wirklich sein. So kann er uns auch in unserer Hoffnungslosigkeit begegnen und neuen Mut schenken. Unsere Grenzen sind nicht Gottes Grenzen! Auch wenn nichts danach aussieht, als würde es besser werden, dürfen wir Hoffnung haben. Jürgen Moltmann, auf den die »Theologie der Hoffnung« zurückgeht, drückte es in einem Vortrag 2019 so aus:

> Hoffnung öffnet einen weiten Raum für Imagination und Kreativität. Sie macht unser Leben lebendig und wir fühlen Kräfte, die wir uns nicht zugetraut hatten. Hoffnung macht einen Anfang und ist die Vorfreude auf die Vollendung. Wer in Hoffnung lebt, sieht die Welt nicht nur nach ihrer Wirklichkeit an, sondern auch nach ihren Möglichkeiten. Höher als die Wirklichkeit steht die Möglichkeit! Alle Wirklichkeit ist umgeben von einem Meer der Möglichkeiten, von denen immer nur ein kleiner Teil verwirklicht wird. Höher als die Vergangenheit steht die Zukunft. Was vergangen ist, war einmal Zukunft. Insofern ist Vergangenheit »vergangene Zukunft«.[70]

Du hast bestimmt auch schon einmal gehört, dass es Krisen, Kriege und Katastrophen ja immer schon gab und die Welt trotzdem noch nicht untergegangen ist. Die Angst vor dem Ende der Welt ist genauso alt wie die Menschheit, könnte man sagen. Die vergangenen und überstanden Krisen in der Menschheitsgeschichte lassen sich kaum zählen. Aber genauso unzählbar sind die Hoffnungsschimmer, wenn wir Möglichkeit und Wirklichkeit ins richtige Verhältnis zueinander setzen. Das ist sehr wichtig laut Moltmann, denn unsere Hoffnung bestimmt unser Handeln. Wir versuchen es erst gar nicht, wenn wir nicht glauben, dass es auch möglich ist.

Jesus hat uns vor 2000 Jahren aber gezeigt, was möglich ist und damit Wirklichkeit wird. Er hat das Heil der Welt schon vollbracht. Das ruft Jesus nach dem Johannesevangelium am Kreuz, bevor er stirbt (vgl. Johannes 19,30b).

Gottes Reich ist schon angebrochen und deshalb können wir entsprechend handeln. Unser Blick auf die Welt verändert sich, je nachdem, ob wir auf das Kreuz schauen oder auf die dunkle Apokalyptik. Aus der Perspektive des Kreuzes können wir schon jetzt werden, was uns für das ewige Leben verheißen wird. Das bedeutet, dass wir uns der Welt zuwenden, um ihrem Leid im Sinne Gottes mit Liebe zu begegnen.

Moltmann interpretiert verschiedene apokalyptische Texte in der Bibel so, dass sie uns dazu motivieren, im Hier und Jetzt aktiv zu werden. Wir sollen uns weder von den schrecklichen Katastrophen auf diesem Planeten noch von den dunklen Szenen der Offenbarung einschüchtern oder entmutigen lassen und erst recht nicht gleichgültig werden. Wir sollen alles Gute vorwegnehmen und nachmachen, was wir in Gottes Wort lesen. Moltmann will mit seiner Ethik dazu befähigen, Gutes zu tun und Wirklichkeit werden zu lassen, was die Bibel schon für möglich hält. Wenn wir in der Offenbarung lesen, dass alle Tränen abgewischt werden und es kein Leid mehr geben wird, dann ist es unsere Verantwortung, die Welt zu einem heilvolleren Ort zu machen. Wie auch Daniela-Marlin Jakobi das ewige Leben als ein gutes Leben im Hier und

Jetzt definiert, können wir Gottes Verheißungen in die Gegenwart holen. Wir können für mehr Gerechtigkeit einstehen, wir können uns für den Schutz des Klimas einsetzen, die Einsamkeit in unserer Nachbarschaft beenden, die seelischen Schmerzen des Mobbing-Opfers lindern und noch so viel mehr. Im mutigen Handeln kann Hoffnung lebendig werden.

Das klingt vielleicht erst mal sehr philosophisch oder nach einer netten Theorie, die sich in der Praxis erst mal beweisen muss. Ich kann verstehen, wenn es dir so geht. Aber überleg doch mal, womit fühlst du dich besser: wenn du aus den Medien von allen möglichen Katastrophen erfährst und nichts weiter tust oder wenn du stattdessen an einem Streik teilnimmst, deine Pullover und zwei Decken für Obdachlose in deiner Stadt oder die Erdbebenopfer in Syrien und der Türkei spendest, auf Menschenhandel und religiös Verfolgte aufmerksam machst und so weiter? Es ist vielleicht ganz ähnlich wie bei anderen Ängsten oder auch wie bei Jesus im Garten Gethsemane. Manches schwere Schicksal können wir nicht aufhalten, manche Ängste müssen wir durchstehen, aber wir fühlen uns besser, wenn wir dabei nicht tatenlos bleiben. Wenn wir selbst ein bisschen Mut, Kontrolle und Hoffnung zurückerlangen, weil wir aktiv werden. Uns unserer Angst bewusst stellen, Hilfe suchen, heilen wollen, Unterstützung anbieten, mitgestalten. So nehmen wir nicht nur die ermutigenden Texte der Offenbarung vorweg und das Kreuz als realitätsverändernd ernst, sondern auch Gottes Auftrag an, die Schöpfung zu bewahren.

... der Erde

Der Schöpfung Gottes, im Sinne unserer Erde, geht es schlechter als jemals zuvor. Da kann es sein, dass wir trotz der Teilnahme an Fridays-for-Future-Demonstrationen, des Verzichts auf Flugreisen und veganer Ernährung (was alles sehr gute Dinge sind) zwischendurch den Mut verlieren. Es schleicht sich die Frage ein, ob wir es wirklich schaffen, diesen Planeten zu retten, anstatt ihn weiter auszubeuten. Das schreibe ich mit einer Schlagzeile im Hinterkopf. Gestern las ich, dass sechs von neun Belastungsgrenzen der Erde bereits überschritten seien.[71] Da frage ich mich, ob Moltmann und Jesus da nicht etwas zu hoffnungsvoll waren. Wenn es dir ähnlich geht, dann helfen dir vielleicht diese Gedanken. Sie stammen auch von Jürgen Moltmann und sind eine Theologie der Erde.

Zuvor musst du aber noch Folgendes wissen: Die Art, wie wir die Erde bisher aus biblischer Sicht betrachtet haben, ist mit daran schuld, dass die Menschheit begann, sie auszubeuten. Gottes Auftrag an die Menschheit, über die Erde zu herrschen, ist outdated. Als dieser Text von Menschen aufgeschrieben wurde, da lebte eine verhältnismäßig lebensbedrohliche Anzahl an Tieren auf unserem Planeten. Die Menschen Hunderte Jahre vor Christus waren durch ihre Umwelt in ständiger Gefahr. Aus dieser Realität heraus entstand der verhängnisvolle Text, der nun das Verhältnis umgekehrt hat. Nicht mehr die Menschen müssen sich vor den Tieren und der Wildnis fürchten, sondern alle Geschöpfe leiden unter der Menschheit. Wir müssen auch theologisch umdenken, wenn wir etwas verändern wollen. Moltmann hilft uns dabei.[72]

Für mich ist seine Theologie der Erde tröstend und zugleich herausfordernd. Er macht darauf aufmerksam, dass wir Menschen die einzigen Geschöpfe sind, die ohne alle anderen Geschöpfe nicht leben können. Uns selbst würde aber kein Tier und keine Pflanze auf diesem Planeten vermissen. Jeder Grashalm kann mehr als ein Mensch: nämlich Fotosynthese und dadurch Sauerstoff produzieren, ohne den wir nicht leben können. Wir sind also doch nicht so mächtig, wie wir uns oft fühlen. Sind wir dann überhaupt noch Ebenbilder Gottes?

Für Moltmann sind wir welche, wenn wir Gottes Wesen entsprechen, das heißt, alle Mitgeschöpfe lieben. Wir sollen sie uns nicht untertan machen. Interessanterweise entdeckt Moltmann in 1. Mose 24, dass die Erde selbst gar keins dieser Geschöpfe ist. Vielmehr ist sie der Lebensraum und Lebensschoß aller Lebewesen: »Darauf befahl er: ›Die Erde soll vielfältiges Leben hervorbringen: Vieh, wilde Tiere und Kriechtiere!‹ So geschah es« (1. Mose 1,24).

Das war mir selbst zuvor nie aufgefallen! Und Moltmann entdeckt noch mehr Bibelstellen, die unseren Blick auf den blauen Planeten verändern können. Wusstest du, dass Gott einen Bund mit der Erde geschlossen hat? Nicht mit uns, nicht mit Noah, sondern mit der Erde selbst! In 1. Mose 9,13 steht: »Meinen Bogen habe ich gesetzt in die Wolken; der soll das Zeichen sein des Bundes zwischen mir und der Erde« (1. Mose 9,13; LUT). Gott und die Erde stehen da in unmittelbarem Kontakt – von uns Menschen keine Spur.

Das erweckt in mir den Gedanken, dass Gott die Erde im Blick hat, sich um sie sorgt. Und das macht mir Mut! In der Bibel sind sogar Rechte für die Erde festgehalten. Auf diese Idee sind wir als Menschheit erst im Jahr 2000 gekommen und haben als Weltgemeinschaft die Erd-Charta ausgehandelt.[73] Das Volk Israel wusste aber schon über 2000 Jahre zuvor, dass auch die Erde Sabbat halten muss, also Ruhe braucht, damit es ihr gut geht:

Auf dem Berg Sinai sprach der HERR zu Mose: »Dies sollst du den Israeliten weitersagen: Wenn ihr in das Land kommt, das ich euch schenken will, sollen nach jedem sechsten Jahr alle Äcker und Weinberge ein Jahr lang zu meiner Ehre brachliegen. Bestellt eure Felder, beschneidet eure Weinberge und erntet die Früchte eurer Arbeit sechs Jahre lang!«
3. Mose 25,1-3

In der Bibel können wir auch schon lesen, dass wir unser Schicksal mit der Erde teilen. Moltmann zählt einige Stellen aus dem Neuen Testament auf: Nach Römer 8,20-21 ist die Erde vergänglich, geknechtet und seufzt. Aber genauso wie wir Menschen durch Jesu Tod und Auferstehung Hoffnung haben, hat sie auch die Erde! Jesus hat den Kosmos versöhnt (vgl. 2. Korinther 5,17). Gott sieht das Leid der Erde und greift ein:

> Denn Gott hat beschlossen, mit seiner ganzen Fülle in ihm [Jesus] zu wohnen und alles im Himmel und auf der Erde durch ihn mit sich zu versöhnen. Ja, Gott hat Frieden gestiftet, als Jesus am Kreuz sein Blut vergoss.
> *Kolosser 1,19-20*[74]

Aus all diesen Bibelversen zieht Moltmann einen wichtigen Schluss: Er nimmt die Erde mit auf in das christliche Liebesgebot. Du kennst es sicher:

> Du sollst den Herrn, deinen Gott, lieben von ganzem Herzen, mit ganzer Hingabe, mit all deiner Kraft und mit deinem ganzen Verstand. Und auch deinen Mitmenschen sollst du so lieben wie dich selbst.
> *Lukas 10,27b*

Ich glaube auch, dass wir es so aktualisieren können, wie Moltmann es fordert: »Du sollst diese Erde lieben wie dich selbst!«[75]

Mit dieser Theologie der Erde wird seine Theologie der Hoffnung auch angesichts der Klimakatastrophe für mich rund. Gott hat die Erde mit ihrer Schaffenskraft in seine Schöpfung mit einbezogen, nach der ersten mittelgroßen Zerstörung durch die Menschen einen Bund mit ihr geschlossen, sie in seine Verheißungen eingebaut und sie mit der Menschheit in Jesus versöhnt. Es fühlt sich ein bisschen so an, als würde Gott uns (und vor allem der Erde, jetzt wollen wir uns nicht direkt wieder selbst überschätzen) zurufen: »Ich habe dich nicht vergessen! Ganz im Gegenteil, ich passe auf dich auf! Ich habe die Bahn frei gemacht, damit jetzt auch alle Menschen die Erde schätzen und schützen und meine Verheißungen wahr machen können! Menschen, worauf wartet ihr noch?«

Ja, es ist verdammt beängstigend, die wissenschaftlichen Berechnungen zum Zustand unseres Planeten zu kennen. Ja, es wird verdammt hart, unsere Privilegien an die Erde zurückzugeben. Aber die Bibel kennt eine Wirklichkeit, die genauso möglich ist wie unsere harte Realität. Weil Gott die Erde liebt, können wir sie lieben – im Hier und Jetzt. Das macht mir Mut. Das »mutiviert« mich zum Handeln.

... des Judentums

So schrecklich unsere Gegenwart auch aussehen und sich anfühlen mag: Wir haben guten Grund zur Hoffnung, das wissen wir jetzt. Doch mir reicht das Wissen allein irgendwie nicht aus. Ich möchte Hoffnung auch ganz konkret in meinem Alltag spüren und weitergeben. Möchte fühlen, wie Mut und Hoffnung jede Zelle meines Körpers verändern und zum Handeln bewegen. Mir reicht es nicht aus, einfach nur zu lachen angesichts all der Katastrophen auf dieser Welt, nur weil ich weiß, dass der Weltuntergang schon in der Bibel vorhergesagt wurde und ich mich selbst zu den Guten zähle, die danach ewiges Leben genießen können. Dieses Konzept behagt mir nicht. Dafür gibt es verschiedene Gründe: Neben der historischen Tatsache, dass sich biblische Prophetien in ihrer ursprünglichen Absicht nur auf die nahe Zukunft beziehen und sich damit wenig für exakte Vorhersagen eines potenziellen Weltuntergangs, der noch vor uns liegt, eignen, gibt es da einen ganz praktischen Grund: Wir verfehlen das Jenseits, wenn wir das Diesseits ignorieren!

Lass mich erklären, was ich damit meine. Die Hoffnung auf ein Leben nach dem Tod und eine Welt, in der es kein Leid gibt, kann uns trösten, aber auch dazu führen, dass wir schon jetzt die Augen vor dem Leid verschließen, das wir hier mindern könnten. Das müde Lachen meines Bekannten nach dem Motto: »Ist halt so. Ist aber nicht unser Problem, wir kommen ja in die Ewigkeit«, zeigt eine Einstellung, die nach meiner Erfahrung viele Christinnen und Christen haben. Manche ruhen sich aus Bequemlichkeit auf der Gnade aus und werden dabei überheblich und ignorant. Andere wollen der Gnade keine Konkurrenz machen und haben Angst, sie könnten in eine Haltung verfallen, in der sie sich die geschenkte Gnade Gottes doch verdienen wollen. Wieder andere lesen in der Bibel, sie sollen sich von der Welt abwenden, und vertiefen sich dann in ihr gemütliches Leben als Christin bzw. Christ in einer Gemeinde, in der alles nach einem bestimmten Ideal abläuft. Und noch mal andere sind vielleicht überfordert, wenn sie all das Leid auf der Welt sehen, dass sie gern verhindern wollen.

Ich bin mir sicher, dass das Vorbild, das Jesus uns in den Evangelien gibt, ein anderes ist. Deshalb habe ich mich auf die Suche nach einer Möglichkeit gemacht, um unser echtes Leben im Hier und Jetzt und unsere Zukunftshoffnung auf die Ewigkeit miteinander zu verbinden, so, wie Jesus es vielleicht auch getan hätte.

Bei meiner Suche bin ich auf ein Konzept gestoßen, das uns als mal mehr, mal weniger tätigen Gläubigen helfen kann, abstrakte Hoffnung in aktiven Mut umzuwandeln. Es hat eine lange Geschichte und geht auf einen Zeitgenossen von Jesus zurück. Auch Paulus kannte ihn, er hat sogar bei ihm studiert. Die Rede ist von Rabbi Gamaliel der Ältere. Dieser gebildete jüdische Mann wollte einen Weg finden, Gesetzestreue und Weltoffenheit zu vereinen. Er kannte die Gebote der hebräischen Bibel auswendig und wollte ihnen folgen, doch das Leben schrieb schon damals seine eigenen Geschichten, die in den knappen Versen des Alten Testaments nicht alle bedacht werden konnten.

Wie kann man also Gott treu bleiben, indem man seine Gesetze hält und trotzdem mit anderen Menschen nicht gesetzlich umgehen? Wie kann man Gott und den Menschen gleichzeitig dienen – auch wenn menschliche Bedürfnisse manchmal etwas ganz anderes verlangen, als es nach Gottes Weisungen möglich ist? Diese Fragen beantwortet das Konzept Tikkun Olam.

Gamaliel lebte und lehrte nach dem Leitsatz: »Schön ist es, wenn das Studium der Thora mit dem Wandel der Welt verbunden wird (also mit der weltlichen Alltagsrealität)«[76]. Ich glaube, Gamaliel und ich wären gute Freunde gewesen. Er entwickelte mit diesem Leitsatz eine wichtige jüdische Rechtsnorm und prägt bis heute die jüdische Sozialethik.

Der Grundgedanke ist also durch den Glauben motiviert, nicht einfach nur die eigene Seele zu retten, sondern Gutes in der Welt zu bewirken – ganz uneigennützig.

Besonders berühmt wurde Tikkun Olam im 16. Jahrhundert. Seitdem ist es aus dem Judentum wirklich nicht mehr wegzudenken. Die Übersetzung der Worte »Tikkun Olam« lautet: »Heilung der Welt, Wiederherstellung der Welt, Zurechtbringung der Welt, Verbesserung der Welt.«[77]

Die Heilung der Welt ist nach jüdischem Verständnis nicht nur die Aufgabe Gottes, sondern auch die der Gläubigen. Das wird mit einem Text begründet, der auch zu den Grundlagen des christlichen Glaubens gehört: mit der Schöpfungserzählung. Dort heißt es, dass Gott am siebten Tag ruhte. Bis dahin ist der hebräische Text einfach zu übersetzen, allerdings wird es dann an einer Stelle kniffelig. Luther war dabei sehr ungenau: »Und Gott segnete den siebenten Tag und heiligte ihn, weil er an ihm ruhte von allen seinen Werken, die Gott geschaffen und gemacht hatte« (1. Mose 2,3; LUT). »[...] und gemacht hatte« – Dieser letzte Teil vom Satz müsste im Deutschen eigentlich eher so lauten: »damit er es täte«. Mit dieser Übersetzung ist aber plötzlich offen, wer was tut. Ist mit dem »er« noch Gott gemeint oder schon der Mensch? Eine jüdische Tradition sieht hier schon den Auftrag Gottes an die Menschheit, die Welt zu vervollkommnen. Nachdem Gott sie geschaffen hat, liegt sie nun in unseren Händen mit allem, was auf und in ihr lebt.[78] Wir haben die Aufgabe und auch die Möglichkeit, unseren Glauben im Hier und Jetzt für die Heilung der Welt einzusetzen.

Doch dafür müssen wir auf die Welt zugehen. Wenn du aus einer Tradition kommst, in der die Welt immer gleichgesetzt wird mit Sünde und Unheil, wird dir dieser Gedanke vielleicht etwas fremd vorkommen. Aber laut Tikkun Olam ist es so: Gott hat uns miteingeplant. Wir sind diejenigen, die aus unserem Glauben an Gottes Herrschaft etwas gegen das Leid in dieser Welt tun können.

Das klingt so vollkommen anders als vieles, das ich in meiner alten Gemeinde über die Welt gelernt habe. Dort herrschte die Meinung, dass die Menschen selbst schuld an ihrem Leid sind und es verdient hätten, da sie sich ja nicht Gott zuwenden wollten. Wenn Paulus, wohlgemerkt ein Schüler des Tikkun-Olam-Vordenkers Gamaliel, an die Römer schreibt: »Passt euch nicht den Maßstäben dieser Welt an, sondern lasst euch von Gott verändern, damit euer ganzes Denken neu ausgerichtet wird. Nur dann könnt ihr beurteilen, was Gottes Wille ist, was gut und vollkommen ist und was ihm gefällt« (Römer 12,2), hatte er vielleicht die Worte seines Lehrers im Kopf.

Ich verstehe in diesem Zusammenhang unter dem Begriff »Welt« alles, was sie zerstört: also zum Beispiel Kriege, aber auch

Fast Fashion. Ich bin mir sicher, Gott hat uns nicht die Verantwortung für die Erde gegeben, damit wir sie zerstören. Vielmehr sollen wir so handeln, dass die Erde heiler wird.

Mein Glaube soll nicht in erster Linie meiner Heiligung dienen, sondern der Heilung meiner Mitgeschöpfe. Das macht mir Mut. Das zeigt mir, dass das Reich Gottes nicht erst im Jenseits anfängt, keine bloße Vertröstung auf irgendeine ferne Zukunft ist, sondern dass ich dazu beitragen kann, es Wirklichkeit werden zu lassen. Dafür muss ich mich der Welt zuwenden, ihr Leiden wahr- und ernst nehmen und darf in der Gewissheit leben, dass Gott mich miteingeplant hat, um das Hier und Jetzt zu heilen.

Ich bin Teil der Schöpfung – aber mit dieser Perspektive auf eine viel aktivere Art. Die Heilung der Welt ist miteingeplant, sie ist möglich. Es ist an uns, ob sie bereits im Hier und Heute auch Wirklichkeit wird. Das meine ich, wenn ich sage: Wir verfehlen das Jenseits, wenn wir das Diesseits ignorieren! Und das macht mir Mut, wenn ich Angst habe, dass alles außer Kontrolle gerät und Gott sich so fern anfühlt. In unserem heilenden Handeln kommt Gott uns und dieser Welt nahe. In unserem glaubenden Tun und Sein beginnt seine Herrschaft auf der Erde.

Ich möchte dich herausfordern, mutig zu handeln. Zu beten, wenn es Gebete braucht. In der Bibel zu lesen, Gottesdienste zu besuchen… all das zu tun. Aber dabei nicht zu vergessen, dass es nicht nur darum geht, uns in den Himmel zu retten, sondern darum, auch die Welt zu heilen.

Der Mut

Erinnerst du dich noch an das, was ich schon im zweiten Kapitel über Glauben, Vertrauen und Mut geschrieben habe?

Wir stellen weiter Fragen, vertrauen, dass es Antworten gibt, die wir noch nicht sehen, und begeben uns auf eine Reise. An dieser Stelle noch mal Sebastian Rink: »Im Glauben geht es nicht um die richtigen Antworten und besseres Wissen, sondern um die richtigen Fragen. Es geht nicht darum, die Welt besser zu verstehen, sondern sie liebevoller wahrzunehmen – und zu gestalten.«[79]

Der Glaube lebt von unserem Vertrauen darauf, das alles anders werden kann, als wir es gerade noch sehen. Damit lebt er von seiner Offenheit und stellt uns vor die Aufgabe, diese anzunehmen und zu trainieren. Möglicherweise beginnt genau dort die Herrschaft Gottes, wo wir Offenheit entwickeln für uns, für andere und für Gottes Geist. Diese Offenheit musstest du vielleicht schon an den Tag legen, um gemeinsam mit mir die Theologie von Jürgen Moltmann und auch das jüdische Tikkun Olam kennenzulernen. Auf dieser Grundlage – so hoffe ich – können wir die Welt liebevoller wahrnehmen und gestalten. Auf dieser Grundlage können wir auch dann mutig sein, wenn die Welt im Chaos zu versinken droht.

Wir haben in diesem Buch schon viele biblische Texte erforscht. Aber eine Sache fehlt in dieser Hinsicht noch. Vielleicht hast du dich auch schon gefragt: »Ein christliches Buch über Mut, in dem nicht einmal gefragt wurde, wo das Wort ›Mut‹ in der Bibel steht – wie kann das sein?« Du weißt doch, das Beste kommt zum Schluss. Deshalb und weil es wie eine Zusammenfassung dieses ganzen Buches und meiner letzten zehn Lebensjahre ist, kommt hier nun die »Wortstudie Mut«.

Mut in der Bibel – was fällt dir da als Erstes ein? Mir kam sofort Josua 1,6a in den Sinn: »Sei mutig und stark!«, sagte Gott zu Josua, der nach Moses Tod das Volk Israel in das von Gott versprochene Land führen sollte. Das war aber noch von anderen Menschen bewohnt und so hatte Josua wohl allen Grund, sich zu fürchten, und Gott hatte allen Grund, ihn zu ermutigen. Als Theologin wollte ich natürlich wissen, welches hebräische Wort in den Texten, die dem »Original« der hebräischen Bibel am nächsten kommen, für unser deutsches Wort »mutig« steht. Zu meiner Überraschung war es gar kein Adjektiv, das einen Zustand beschreibt, sondern ein Verb, das für ganz viele Handlungen benutzt werden kann. Ich suchte »mutig« und fand »sein«.

Mut zeigt sich in Handlungen, denen ein langer Prozess vorausgeht mit Ängsten, Zweifeln, Werten, Vertrauen und Überwindung. Das lässt sich auch in dem hebräischen Wort *amets* ablesen. Damit du weißt, wovon ich schreibe, liste ich dir hier die Bedeutungen auf, die ich in anderen Bibelstellen, in denen eine Form von diesem Wort vorkommt, gefunden habe. Aber keine Sorge, auch wenn sie erst mal etwas willkürlich ausgewählt erscheinen, entdecken wir ihren sinnvollen Zusammenhang gleich gemeinsam.

mutig sein – verhärten, verstocken – großziehen, stark machen, festigen, Kraft geben – Hüften gürten, kräftig werden – fest entschlossen sein, unverzagt sein, gewaltig sein – Oberhand gewinnen, überlegen sein

Diese Bedeutungen des hebräischen Wortes für »mutig sein« sind sehr vielschichtig. Da begegnet uns nicht nur die Bedeutung »mutig sein«, sondern auch »verhärten, verstocken«. Immer wieder habe ich neue Bedeutungspaare entdeckt. Ziemlich offensichtlich war für mich, dass ein verstocktes oder verhärtetes Herz nichts Gutes ist. Ich möchte mutig sein, aber ein hartes Herz möchte ich ungern haben. Dieser Gegensatz erinnert mich aber daran, dass wir mit unseren Entscheidungen und Werten Gutes oder Schlechtes bewirken können. Ich möchte mich mutig und im Vertrauen auf Gott für ein weiches Herz entscheiden, das Schwächen und auch Angst, die wir als Schwäche empfinden, zulassen kann.

Dieser Zusammenhang zwischen Mut und Angst, der manchmal fast wie ein Widerspruch erscheint, ist uns in den letzten Kapiteln schon begegnet: Oft braucht es viel mehr Mut, Angst zu akzeptieren, als sie zu überwinden. Und das ist okay. In anderen Situationen bedarf es allerdings der Veränderung und wir brauchen Mut, um unsere einengende Angst nicht mehr hinzunehmen. Wir wollen und müssen sie loswerden. Und auch das ist okay.

Tatsächlich steckt beides auch in dem hebräischen Wort. Je nach Kontext wird es benutzt, um entweder beruhigend zuzusprechen: »Es ist okay, dass du dich gerade fürchtest. Du musst dich nicht zwingen, mutig zu sein. Du darfst einfach hier sein und dich anlehnen.« Oder aber, um richtig anzufeuern: »Los jetzt, du schaffst das! Du hast lange genug gewartet, jetzt ist dein Moment gekommen. Du hast alles, was du für diese Herausforderung brauchst, trau dich!« An manchen Stellen wird das Wort benutzt, um Menschen, die vom vielen Kämpfen und von unzähligen Herausforderungen müde sind, zu trösten und zu ermutigen. Es wird benutzt, um ihnen Mut zu schenken, den sie gerade nicht (mehr) haben. Mut begegnet uns dann als Gabe Gottes. Das finden wir oft in den Psalmen und bei Hiob, über den gesagt wird: »War jemand mutlos und ohne Halt, du hast ihn wieder aufgerichtet und ihm neuen Lebensmut gegeben.« (Hiob 4,4) Auch aus Gottes Mund kommen solche ermutigenden Worte, er richtet sie an das Volk Israel:

Fürchte dich nicht, denn ich stehe dir bei; hab keine Angst, denn ich bin dein Gott! Ich mache dich stark, ich helfe dir, mit meiner siegreichen Hand beschütze ich dich!
Jesaja 41,10

An anderen Stellen ist *amets* mehr der Tritt in den Hintern, ja sogar ein Befehl mit ganz klaren Handlungsanweisungen, wie wir es bei Josua lesen können. Mutige Handlungen können Aufträge Gottes sein, eine Berufung. Josua zum Beispiel wurde zum Anführer des Volkes Israel berufen, aber er wurde gleichzeitig dazu berufen, mutig und stark zu sein. Doch wird man das von einem auf den anderen Moment?

Ich glaube, da können wir aus eigener Erfahrung sagen: Nein! Die eigene Angst zu überwinden, braucht einiges an Vorbereitung! Es gehören schon etliche Runden auf dem Gedankenkarussell dazu. Vielleicht auch noch eine Pro-und-Contra-Liste. Dann gründliches Abwägen. Der erste Versuch – und Rückzug. Noch mal gut überlegen: »Wem glaube ich, meinen Sorgen oder meinem Vertrauen? Okay, wir machen das jetzt!«

Mutigsein ist ein Prozess, nicht nur die Handlung, die alle sehen können. Dieser Prozess steckt auch in den Bedeutungen von *amets* drin: Wir müssen instandgesetzt, großgezogen, stark gemacht, gefestigt werden und Kraft bekommen. Manches davon geschieht innerlich, anderes äußerlich. Wir werden kräftig und gürten unsere Hüften, also rüsten uns für die Herausforderung aus, sodass allen klar ist: Dieser Mensch hat was Wichtiges vor! Vielleicht kommen dabei noch mal ein paar Sorgen auf, aber das Vertrauen setzt sich durch: Nun sind wir fest entschlossen. Unverzagt gehen wir auf die Herausforderung zu. Wenn andere uns so sehen, könnten die fast Angst bekommen, so gewaltig und stark wirken wir mit unseren Werten und unserem Vertrauen. Und dann endlich: Wir gewinnen die Oberhand über unsere Angst. Wir überwinden sie, sind überlegen. Das ist Mut!

Dieser Umgang mit Angst, diese Art von Mut ist mir am sympathischsten. Aber die Bibel erzählt nicht nur eine Geschichte. Mut sieht auch dort je nach Situation immer anders aus. Ich möchte dich einladen, deine Art von Mut zu entdecken und deinen Glauben zu leben. Ich weiß nicht, wie dein Mut aussieht, aber ich bin mir sicher, dass er in dir steckt!

Ähnelt dein Mut dem von Wasti oder Ester? Setzt du dich besorgt und zugleich mutig für Gerechtigkeit und Selbstbestimmung ein? Nimmst du es auf dich, Erwartungen zu enttäuschen, um einem Volk und einem ganzen Geschlecht Würde zu verleihen?

Kommt dein Mut eher dem Vertrauen von Sara und Abraham gleich, die sich auf die Suche nach mehr machten? Noch nicht wussten, wohin die Reise gehen würde, aber den kannten, der auch dir vorausgeht. Lässt du Altes hinter dir, weil dir Segen verheißen ist?

Oder geht es dir wie Daniel, dem Gott so fern und gleichzeitig so nah schien?

Gleicht dein Mut dem der Jünger Jesu? Manchmal verlässt er dich, aber mit Blick auf Jesus findest du wie Petrus auf dem Wasser neues Vertrauen? Dein Glaube soll echt sein so wie der, als Thomas die Wunden Jesu berühren durfte?

Vielleicht bist du gerade in einer Zeit voller Hiobsbotschaften. Hältst du an deinem Glauben an einen Gott und an der Hoffnung fest, auch wenn du nicht alles Leid verstehst? Suchst du Antworten, die dir sonst niemand geben kann, und wählst deine Vertrauten weise?

Ist dein Mut ein triumphaler wie der von Maria, die gerade durch ihre Herausforderungen erfahren hatte, wer sie war und wer Gott ist? Zieht dein Mut Kreise und startet sogar eine Revolution?

Egal, wie dein Mut aussieht, ich wünsche dir, dass du ihn findest. Dass du dich mutig kennst, weil du du selbst bist und Gott dir nahe ist. Dass du den Mut hast, zu glauben, dass unsere Realität die Möglichkeit von Gottes Wirklichkeit nicht ausschließt. Ich wünsche dir den Mut, Fragen zu stellen, Ängste zu akzeptieren und Zweifel zuzulassen. Ich wünsche dir Werte und Trotzdems, die deine Brücke aus Vertrauen tragen.

ANMERKUNGEN

Die Internetlinks wurden am 12. 10. 2023 auf ihre Aktualität überprüft.

1 Marie Briese: Stilles Strahlen. Weil echter Mut nicht laut sein muss, SCM Hänssler in der SCM Verlagsgruppe GmbH, Holzgerlingen 2022.
2 @elhotzo am 21. 12. 2022 auf X (ehemals Twitter): https://twitter.com/elhotzo/status/1605125335892299778?lang=de; Rechtschreibfehler aus dem Original übernommen.
3 Vgl. Dr. Claudia Schöne: Selbstwertkontingenz. In: Dorsch Lexikon der Psychologie, https://dorsch.hogrefe.com/stichwort/selbstwertkontingenz.
4 Tabelle in Anlehnung an: Friederike Potreck: Ich bin genug! Wege zu einem starken Selbstwert, Klett-Cotta Verlag, Stuttgart 2021.
5 Sarah Vecera: Wie ist Jesus weiß geworden? Mein Traum von einer Kirche ohne Rassismus, Pathmos, S. 10-13.
6 Vgl. Maike Schöfer: https://www.instagram.com/ja.und.amen/.
7 Sabine Bieberstein: Rahab (Person). In: Das wissenschaftliche Bibellexikon im Internet (WiBiLex), 2010, S. 7: https://www.bibelwissenschaft.de/ressourcen/wibilex/altes-testament/rahab-person.
8 Klara Butting: Das Buch Ester. Vom Widerstand gegen Antisemitismus und Sexismus. In: Luise Schottroff/Marie-Theres Wacker (Hrsg.): Kompendium Feministische Bibelauslegung, Christian Kaiser/Gütersloher Verlagshaus, 2. Auflage, Gütersloh 1999, S. 169–179, hier S. 174.
9 Ebd., S. 175; Einfügungen durch die Autorin.
10 Marie-Theres Wacker: Mit Toratreue und Todesmut dem einen Gott anhangen. Zum Esther-Bild der Septuaginta. In: Dem Tod nicht glauben. Sozialgeschichte der Bibel. Festschrift für Luise Schottroff zum 70. Geburtstag, Frank Crüsemann, Marlene Crüsemann und Claudia Janssen, Gütersloher Verlagshaus, Gütersloh 2004, S. 322.
11 Vgl. Maria Kassel: Abrahams Exodus – ein Beispiel für die Identität von Selbstwerdung und Glauben. In: Diakonia 6(6), 1975, S. 364–374.
12 Melanie Wolfers: Zuversicht. Die Kraft, die an das Morgen glaubt. Bene! Verlag/Droemer Knaur GmbH & Co. KG, München 2021, S. 96.
13 Vgl. Maria Kassel: Abrahams Exodus – ein Beispiel für die Identität von Selbstwerdung und Glauben. In: Diakonia, 1975, S. 364–374, hier 368 f.

14 https://falschzitate.blogspot.com/2017/12/die-definition-von-wahn-sinn-ist-immer.html.

15 Maria Kassel: Abrahams Exodus, S. 369.

16 Melanie Wolfers: Zuversicht, 2021, S. 97.

17 Sebastian Rink: UNGLAUBE. Eine Ermutigung. Neukirchener Verlagsgesellschaft mbH, Neukirchen-Vluyn 2022, S. 30–31.

18 Ebd., S. 124.

19 Auch das Buch Ester ist ein Beispiel für einen solchen Text.

20 @pfarrerausplastik am 05. 08. 2022 auf Instagram; Ergänzung in Klammern durch die Autorin.

21 Vgl. Reinhold Boschki: Einführung in die Religionspädagogik. Wissenschaftliche Buchgesellschaft (WBG), Darmstadt 2017, S. 63–67: https://content-select.com/media/moz_viewer/58ab2831-dfb8-4b6e-af0b-31bdb0dd2d03/language:de.

22 Vgl. Veronika Smoor in strich;punkt Episode 2 vom 19. 11. 2020 https://spotify.link/Fh32Oc5MXDb

23 Vgl. Ebd.

24 Sarah Marie: Im großen Ganzen hoffnungsvoll © 2023 Lago, ein Imprint der Münchner Verlagsgruppe GmbH, München. https://www.lago-verlag.de All rights reserved. Mit freundlicher Genehmigung des Verlages.

25 Vgl. dazu: Martina S. Gnadt: Das Evangelium nach Matthäus. Judenchristliche Gemeinden im Widerstand gegen die Pax Romana. In: Kompendium Feministische Bibelauslegung, C. H. Beck, München 1998, S. 496.

26 Vgl. dazu Wolfgang Fritzen: Von Gott verlassen? Das Markusevangelium als Kommunikationsangebot für bedrängte Christen, Kohlhammer Verlag, Stuttgart 2008, S. 361–378.

27 Ebd., S. 377.

28 Descartes, Originalzitat lautet: »Ich denke, also bin ich.«: https://www.quellonline.de/philosopie-fuer-zwischendurch-ich-denke-also-bin-ich/.

29 Christl Maier/Silvia Schroer: Das Buch Ijob. Anfragen an das Buch vom leidenden Gerechten. In: Luise Schottroff/Marie-Theres Wacker (Hrsg.): Kompendium Feministische Bibelauslegung, Christian Kaiser/Gütersloher Verlagshaus, 2. Auflage, Gütersloh 1999, S. 169–179, hier S. 199.

30 Sebastian Rink: UNGLAUBE, 2022, S. 42.

31 Sheila Serrer: Sein Blick heilt mein Herz. Von einem Gott, der deine Wüste zum Blühen bringen will, Gerth Medien in der SCM Verlagsgruppe GmbH, Holzgerlingen 2021, S. 16.

32 Sebastian Rink: UNGLAUBE, 2022, S. 45.

33 Arie Kruglanski zitiert in Anette Schäfer: Mut zur Unsicherheit. In: Psychologie Heute, 2020: https://www.psychologie-heute.de/leben/artikel-detailansicht/39121-mut-zur-unsicherheit.html.

34 Brianna Wiest: 101 Essays, die dein Leben verändern werden, Piper Verlag, 11. Auflage, München 2022, S. 110.

35 Cooper R. Woodard: The Construct of Courage. Categorization and Measurement. In: Consulting Psychology Journal: Practice and Research, 59 (2), 2007, S. 135–147, hier S. 136.

36 Max-Planck-Insitut für Psychiatrie: »Angsterkrankungen« https://www.psych.mpg.de/2675236/angsterkrankungen.

37 Katherine May: Überwintern. Wenn das Leben innehält, Insel/Suhrkamp Verlag, Berlin 2022, S. 257.

38 Ebd., S. 258.

39 Vgl. https://speakingadventure.co.uk/about/.

40 In Anlehnung an: Silke Hagena/Malte Gebauer: Therapie-Tools. Angststörungen. Verlagsgruppe Beltz, Weinheim/Basel 2014, S. 130.

41 David Gal/David D. Rucker: Act boldly: Important life decisions, courage, and the motivated pursuit of risk. In: Journal of Personality and Social Psychology, 120 (6), 2021, S. 1607–1620, hier S. 1608.

42 In Anlehnung an Nelson Mandela: https://www.buboquote.com/en/quote/4583-mandela-i-learned-that-courage-was-not-the-absence-of-fear-but-the-triumph-over-it-the-brave-man.

43 Zitiert nach: Steffen Kern: Mein Gott, Jesus! Seine Wunder bewegen die Welt. SCM Hänssler in der SCM Verlagsgruppe GmbH, Holzgerlingen 2015.

44 Ebd.

45 Mira Ungewitter: Gott ist Feministin. Mein Leben mit Eva, Maria und Lady Gaga, Herder, Freiburg im Breisgau 2023, S. 67–69.

46 D. Kahneman/A. Tversky: Prospect theory: An analysis of decision under risk. In: Econometrica, 47, 1979, S. 263–291.

47 Athena Singh zitiert am 28.06.2023 von @einguterplan auf Instagram.

48 In Anlehnung an Bea Engelmann: Therapie-Tools. Positive Psychologie. Achtsamkeit, Glück, Mut, Verlagsgruppe Beltz, Weinheim/Basel 2012, S. 196.

49 David Gal/David D. Rucker: Act boldly, 2021, S. 1608–1609.

50 @morganharpernichols am 07.08.2022 auf Instagram.

51 שמנים גת (sprich: Gat-Schmanim) ist das hebräische Wort für Ölpresse. Gethsemane klingt da ganz ähnlich.

52 Thea Vogt: Angst und Identität im Markusevangelium. Ein textpsycho-
logischer und sozialgeschichtlicher Beitrag. Universitätsverlag Freiburg
Schweiz 1993, S. 214; Ergänzung in Klammern durch die Autorin.

53 Vgl. Ebd., 223.

54 Amanda Lindsey Cook, You Make Me Brave, Bethel Music, 2014.

55 Dr. Jörg Wolter/Prof. Dr. Eva Walther: Konditionierung, klassische. In:
Dorsch. Lexikon der Psychologie, hogrefe, zuletzt geändert 17. 11. 2021
https://dorsch.hogrefe.com/stichwort/konditionierung-klassische#se-
arch=82d8d91f233e3af656f96e31e37f8107&offset=0.

56 Guy Bodenmann: Klassische Lerntheorien. Grundlagen und Anwen-
dungen in Erziehung und Psychotherapie. Huber, Bern (u. a.) 2004.
S. 103–117.

57 Richard L. Solomon/C. Wynne Lyman: Traumatic avoidance learning
acquisition in normal dogs. In: Psychological monographs 67 (4)
Washington, DC 1953, S. 1–19.

58 Ebd.

59 Hervorhebungen durch die Autorin.

60 Klaus Peter Hertzsch (Text): EG 395 Rheinland/Westfalen/Lippische
Landeskirche.

61 Vgl. https://www.dwds.de/wb/Mut.

62 Ebd.

63 Ebd.

64 @marie_briese_ am 26. 02. 2022 auf Instagram.

65 @glaubensweite am 17. 01. 2022 auf Instagram.

66 Ebd.

67 Prof. Dr. Peter Wick: »Vom Seufzen der Kreatur und der Hoffnung bei
Paulus (Röm 8) und im Neuen Testament«, Universität Bochum, Tagung
»Zukunftsangst und Zukunftshoffnung«, 21. 02. 2022–23. 02. 2022.

68 Traugott Holtz: Der erste Brief an die Thessalonicher (EKK), 1986,
S. 208.

69 Christian Wetz: Eschatologie (NT). In: Das wissenschaftliche Bibellexikon im Internet (WiBiLex), 2017. S. 2: https://www.bibelwissenschaft.
de/stichwort/47910/.

70 Jürgen Moltmann: Theologie der Hoffnung im 21. Jahrhundert. Vortrag
von Prof. Dr. mult. em. Jürgen Moltmann. Samstag, 3. August 2019,
Evangelische Akademie Bad Boll. Im Rahmen der Blumhardt-Gedenk-
Tagung »Damit die Schöpfung vollendet werde«, 2019.

71 Katherine Richardson et al.: Earth beyond six of nine planetary boun-
daries. In: Science Advances 9 (37), 2023.

72 Jürgen Moltmann: Theologie der Hoffnung im 21. Jahrhundert. Vortrag, 2019.

73 Vgl. https://erdcharta.de/die-erd-charta/.

74 Einfügung durch die Autorin.

75 Jürgen Moltmann: Theologie der Hoffnung im 21. Jahrhundert. Vortrag, 2019.

76 Sprüche der Väter 2,2 zitiert nach: Guido Baltes: »Tikkun Olam: Heilung der Welt. Jüdische Ansätze zur Gesellschaftsveränderung.« In: Tobias Faix/Tobias Künkler: Die verändernde Kraft des Evangeliums. Beiträge zu den Marburger Transformationsstudien, 2012, S. 96–121, hier S. 100.

77 Ebd., S. 97.

78 Ebd., S. 105 f.

79 Sebastian Rink: UNGLAUBE, 2022, S. 124.

Marie Briese

Stilles Strahlen
Weil echter Mut nicht laut sein muss

Schüchternheit ist keine Schwäche. Mach dich bereit für
eine Reise: raus aus der Schublade der Stillen, hinein in
Gottes Bestimmung für dein Leben. Lerne dich selbst mit
Gottes Augen zu sehen und erkenne: Gott hat dich bewusst so geschaffen, wie du bist.

Klappenbroschur, 13,5 × 21,5 cm, 176 S.,
2-farbige Innengestaltung
Nr. 396.092 | ISBN: 978-3-7751-6092-6

Christina Walch

Shining bright
Leben mit Intention

Wenn du herausfinden willst, was Gott in dich ganz persönlich hineingelegt hat, dann ist dieses Buch für dich! Es hilft dir, deine Identität in Jesus Christus zu gründen, eine klare Vision für dein Leben zu entwickeln und sie im Alltag zu leben. Ein Wegbegleiter zu deiner Berufung.

Klappenbroschur, 13,5 × 21,5 cm, 192 S., 2-farbige Innengestaltung
Nr. 396.180 | ISBN: 978-3-7751-6180-0